JN079746

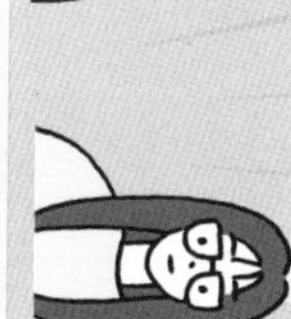

チョコレートを食べたことがないカカオ農園の子どもにきみはチョコレートをあげるか？

木下理仁

旬報社

はじめに

突然だけど、「口唇口蓋裂」ということばを聞いたことがあるだろうか。生まれつき唇や上顎が裂けていたり、鼻が歪んでいたりする障害を指すことばだ。人間の顔は、生まれる前、お母さんのお腹の中にいるときにだんだん形づくられていくけれど、その途中で何かちょっとした不具合が起きて、不完全な形のまま生まれてしまうことがある。だいたい３００人に１人の割合でそういう子がいるという。

口唇口蓋裂の子は、お母さんのおっぱいがうまく飲めなかったり、ことばがうまく発声できなかったり、「ヘンな顔」といってまわりからからかわれたりしてつらい思いをすることがある。ひどい場合は親がその子に愛情を注ぐことができず、育児放棄されることもあるらしい。

ぼくが20代で青年海外協力隊の隊員としてスリランカにいたとき、日本人の仲間に誘われて障害児のための施設にボランティアに行ったことがある。施設にいる子どもたちと遊んだり、古タイヤで遊具を作ったりするボランティア活動だ。

その施設に、口唇口蓋裂の男の子がいた。

7～8歳くらいだろうか。褐色のやせた体にくたびれたTシャツと短パン姿の彼は、1メートルほどの高さの木の柵（さく）で囲まれた四角い〝檻（おり）〟のような場所で、床の上にただ転がっていた。

手や足にも障害があって、自分で思うように立ったり歩いたりすることができないようだ。もしかしたら、脳にも障害があって、ことばもうまく喋（しゃべ）れなかったのかもしれない。

彼は黙ってそこに横たわり、大きな黒い瞳でぼくをじっと見つめていた。

そして、その顔は、上唇が鼻の下まで大きく裂け、ばらばらと不規則に歯が並んだ歯茎（はぐき）がむき出しになっていた。

ぼくは息が止まるような衝撃を受けた。
「こんなところに自分がいる！」

そう。ぼくにも口唇口蓋裂があるんだ。

日本では、口唇口蓋裂の子が生まれると、日常生活に困らないよう、赤ちゃんのうちに唇を縫い合わせる手術をするので、大きくなっても唇が裂けたままでいる人を目にすることはめったにない。ぼくの場合も、小さい頃に手術を受けたおかげで、日常生活に困るほどの障害はない。滑舌（かつぜつ）がわるく、「さしすせそ」の発音がうまくできなかったり、傷跡はいまも残っていて、それが若干、コンプレックスになってはいるけれど。

でも、スリランカで見たその子は、手術など受けさせてもらえず、ことばも喋れず、手足の自由もきかず、これからもずっと床に転がったまま生きていくしかないように見えた。もしかしたら親にも見放されてその施設に来たのかもしれない。

手術を受けて、障害をほとんど気にすることなく、学校に通い、卒業して就職し、いまは外国にボランティア活動に来ているぼくと、ただ床に転がっているだけの彼。ふたりの何が違うのだろう……。

生まれた場所がたまたま違っただけじゃないか。

日本のごく普通のサラリーマン家庭に生まれるか、途上国の貧しい親のもとに生まれるか。その偶然が、これほどまでに、残酷ともいえる大きな「差」をもたらす。まったく違う人生を歩むことになる。

彼がぼくで、ぼくが彼であっても、なんの不思議もなかったのに。

それは、ぼくが世界の不公平を、生まれてはじめて「自分ごと」として理解した瞬間だった。

その日、ぼくは施設の子どもたちのからだに触れることが恐くなり、頭がぼんやりして何もできなくなってしまった。心配した仲間に「どうしたの?」と聞かれても何も答えられず、帰りのバスに乗るまで一人で施設の運動場の隅に座って時間が過ぎるのを待つしかなかった。

世界の現実を、とくに自分とは大きく異なる境遇にある人のことを「自分ごと」として捉えるのは、とても難しい。

でも、できるだけ想像力を働かせて、相手が感じているであろう気持ちを少しでも感じとってほしい。それまで気づかずにいた大事なことが見えてくるかもしれない。

「もしも自分がそこにいたら」
「自分がこの人の立場だったら」
「自分がそう言われたら」

そんなふうに考えることのできる想像力って、本当にすごく大事だと思う。

この本には「もしも自分が……」という場面がたくさん出てくる。
きみの想像力をめいっぱい働かせて、そこに自分がいる気持ちになって読んでほしい。

［目次］

第2章 〝ともに生きる〟って、なんだ？

第3章 出会うことに意味がある

第1章

〝豊かさ〟って、なんだ？

1 チョコレートを食べたことがないカカオ農園の子どもにチョコレートをあげるべきか？

突然だけど、きみは、チョコレート好き？

1年間にどれくらいのチョコを食べてる？　え？　急に聞かれてもわからない？

調べてみると、日本では毎年、1人当たり約2キロのチョコレートが消費されているらしい。ふつうの板チョコ1枚が40〜50グラムだから、約50枚分。だいたい毎週、板チョコ1枚の量を食べている計算になる。きみは、どうかな？

世界に目を向けると、スイス、ドイツ、イギリス、ベルギー、フィンランドなどでは、1人あたり年間8〜10キロものチョコが消費されているという。日本の5倍！　そうなるともう、チョコのない生活なんて考えられないかもね。

ところで、チョコレートの原料は？

そう。カカオだよね。

そのカカオが採れる国は？

いちばんたくさん採れるのは、西アフリカのコートジボワールという国で、年間約200万トンのカカオを生産している。次がその隣のガーナで、70〜90万トン。他には、ナイジェリア、カメルーン、エクアドル、インドネシアなどでも、それぞれ30万トン前後のカカオが生産されている。いずれも赤道に近い位置にある、ほぼ一年中暑い国だ。

日本はカカオを育てるには涼しすぎて、ほとんど採れないので、日本のお菓子メーカーはアフリカや中南米の生産国からカカオ豆を輸入している。現在、その約8割がアフリカのガーナ産だ。

カカオ農園の子どもたち

昔、『あいのり』という、テレビの人気番組があった(1999年～2009年、フジテレビ)。日本の若い男女7人が1台のワゴン車に乗って世界を旅してまわるバラエティー番組だ。7人は行く先々でいろんな事件に遭遇し、そのたびに驚いたり、困ったり、感動したりしながら旅を続ける。旅の途中で恋が芽生えたり、こわれたりすることもあった。

その「あいのり」のメンバーが、ガーナを旅したことがある——。

7人は、現地のカカオ農園で働くテテさんの一家と出会った。お父さんとお母さん、10歳のエバネッサくんと5歳のエマニエルくんの4人家族だ。兄弟は、ふ

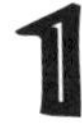

1 チョコレートを食べたことがない
カカオ農園の子どもに
チョコレートをあげるべきか？

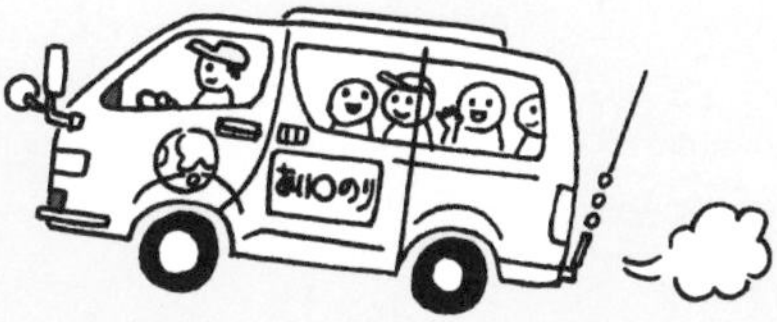
あい0のり

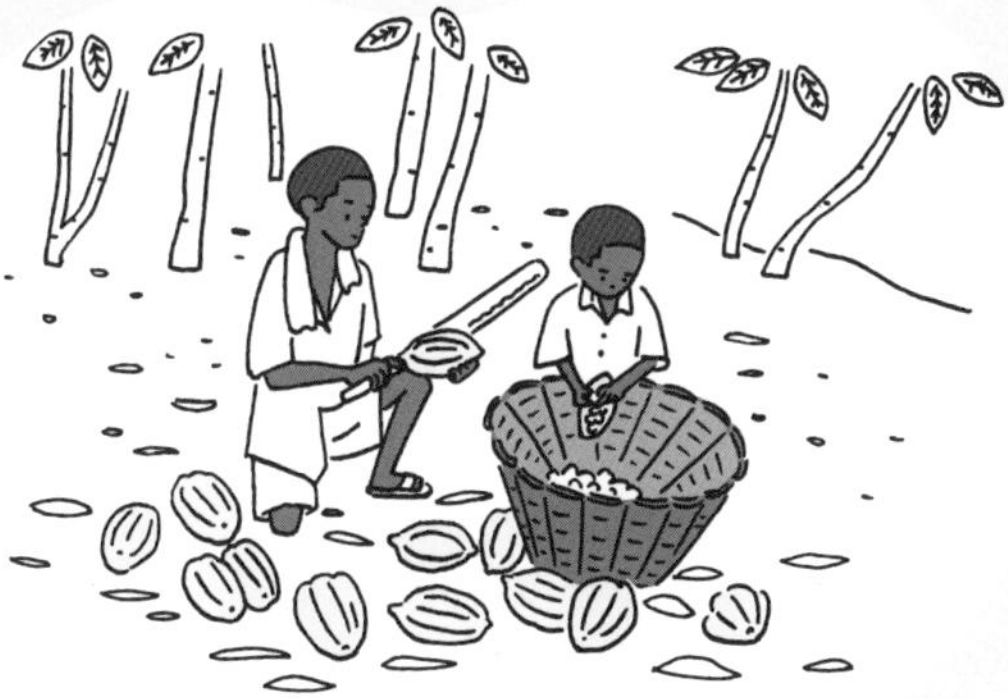

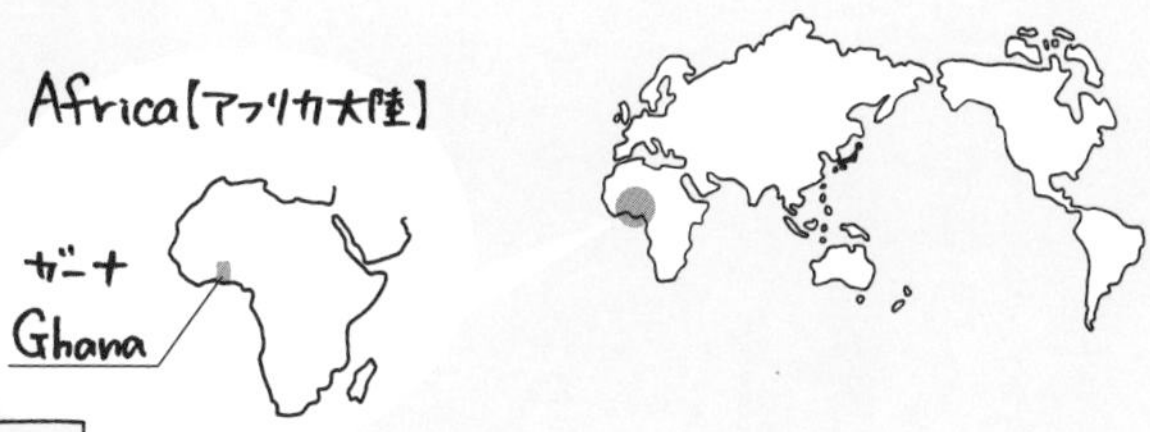
Africa【アフリカ大陸】
ガーナ
Ghana

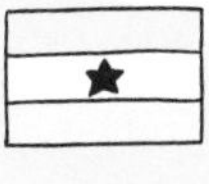

たりともおとなしくてはにかみ屋さんだが、兄のエバネッサくんは学校の先生になるのが夢、弟のエマニエルくんはサッカーが大好きだという。

ふたりは、毎日、学校から帰ってくると、カカオ畑で農作業の手伝いをする。この日はカカオの実を収穫しているところだった。

木の幹にぶら下がった小ぶりのラグビーボールのような実を、大きなナタで切り取る。そして、そのナタで実を割って、中の豆を手で取り出す。

あいのりメンバーはその様子を見て、「おもしろそう！」「やってみたい！」と、収穫作業を手伝わせてもらうことになった。

ところが、最初のうちはわいわい楽しく作業をしていたものの、2時間も続けると、へとへとになってしまった。カカオの収穫作業は大人でも重労働だ。

しかし、エバネッサくんとエマニエルくんは黙々と作業を続ける。

「この子たち、すっごいタフだね」と、メンバーは驚く。

その日の夕方、あいのりメンバーは、子どもたちと手をつないで、その家族の家を訪ねた。

土でできた壁と藁(わら)ぶきの屋根。6畳ほどの広さの小屋に家族4人で暮らしている。電気や水道はない。炊事や食事は屋外でする。

テテさんたちは夕食を作って皆にご馳走(ちそう)してくれた。カレーを薄くのばしたようなスープにトウモロコシの粉を練って作ったウガリという食べものが浸っている。この日は特別に大切な鶏(にわとり)もさばいてくれたので、骨付きの肉も入っていた。ひとつの鍋を全員で囲んで、ウガリを手でちぎって食べる。スープはすごく辛かった。

そして夕食のあと、エバネッサくんとエマニエルくんがサッカーをして遊びだした。サッカーボールはなく、古い靴下を丸めたものがボールがわりだ。いびつな形のボールは、なかなか思うように転がらない。その様子を見て、メンバーたちはちょっと複雑な気持ちになった。

聞いてみると、幼い兄弟の1日は、早朝、バケツを持って2キロ離れた井戸まで水汲みに行くことから始まり、学校から帰ってくると、毎日4時間、カカオ畑で働く。放課後、友達と遊んだりゲームをしたりすることはない。粗末な家に住み、着ている服もぼろぼろだ。そんな貧しい彼らには、当然、ボールを買うお金はない。

あいのりメンバーのひとりが「本当のチョコレートは食べたことありますか?」と聞くと、ふたりの兄弟は、「ううん」と、首を横に振った。お父さんも「見たこともない」という。横にいたお母さんが苦笑する。


メンバーたちはホテルに帰って話した。

「びっくりだね。カカオ＝(イコール)チョコレートだもんね、うちら」

「この現状を見るまでは、普通に売ってるものだったもんね」

「日本にはチョコが超ありふれてるのにさ」

「この国の人たちがいなかったら、うちらもチョコを食べられない……」

そのとき、メンバーのひとりが、

「チョコレートを見たことも食べたこともないって言ってたじゃん。ひとかけらずつくらいならあるからさ、それをあげたらどうかな、と思うんだけど」と言い出した。明日、もう一度、あの家族のところに行って、彼が持ってきた板チョコを分けてあげようというのだ。

それを聞いたメンバーからは、すぐに「あ、いい!」「それ、いいね」という声が上がったが、そのとき、ひとりが首を振って、「そんなことない、そんなことない」と言い出した。

「あげることは簡単だけど、あげて、あの人たちがどう思うか……」

あの兄弟にチョコレートをあげることはできる。はじめて食べるチョコの美味しさに驚き、きっと喜んでくれるだろう。でも、もしかしたら、この先ずっとチョコレートを食べることはできないと、かえって悲しい思いをさせてしまうかもしれない。

「うーん……」「難しいね」「うん、難しいね、どっちもね」

メンバーは、なかなか答えを出せないまま、夜が更けていった……。

さあ、きみなら、どうする？　もしもきみが、この「あいのり」のメンバーのひとりで、このとき、この場所にいたら。

夜が明けたら、ワゴン車のドライバーさんが迎えに来て、またあの家族のところに行く。そのとき、チョコレートをあげるべきか、やめるべきか――。

みんなの意見

●「あげる」という人の意見

チョコを食べたら、もっと一生懸命働いて、自分たちもチョコが食べられるようにがんばろうって思えるかも

チョコを食べて美味しいってわかったら、働くことの喜びを感じられるというか、誇りに思えるんじゃないかな

自分たちが働いて収穫した木の実が、どんなものになるのか知らないいまま働き続き続けるなんて、残酷すぎる。彼らには知る権利があると思う

夕食をごちそうになったりして、もてなしてもらったんだから、そのお礼としてチョコをあげるのはありだと思う

●「あげない」という人の意見

食べたときは、一瞬、美味しいって喜んでくれるかもしれないけど、そのあと、やっぱり辛い思いをさせるんじゃないかと思う。余計なことしないほうがいいんじゃないかなぁ

たまたま訪ねて来た外国人が、後々まで尾を引くような問題を残して去るのは、無責任だと思う

チョコをあげて喜ばせたいというのは、こっちの自己満足で、〝上から目線〟だと思う

チョコを持ってるっていっても、村の人たち全員にあげられるわけじゃないから、あの家族にだけ渡すと、あとで問題になるかもしれない。「なんでお前たちだけ外国人からモノをもらうんだ」って

もしかしたら、チョコを食べても美味しいと思わないかも。日頃、食べてるものが違うんだから、味覚もうちらとは違うかもしれない。夕食のスープもめっちゃ辛かったし。チョコを食べて、「まずい！」ってなったら、自分たちはこんなもののために働いてるのかって、がっかりするかもしれない

たしかに難しいね。

でも、チョコは、「あげる」か「あげない」か、ふたつにひとつだ。「答えが出せないから、何もしないことにしよう」というのは、結局、チョコを「あげない」でそのまま日本に帰るということになるわけだから。

話し合いは、さらに続く。

チョコをあげるのは〝上から目線〟だって言うけど、チョコの味を知らないほうが幸せだって考えるのも〝上から目線〟じゃない？

チョコをあげるって考えるから、話がややこしくなるんだよ。夕食をごちそうになったお礼をするなら、チョコじゃなくて、キャンディーとか、日本のお煎餅(せんべい)とかでもいいんじゃない？

モノをあげるんじゃなくて、カカオの収穫を1日手伝うとか、あの子たちに日本の遊びを教えてあげるとかのほうがよくない？　折り紙とか

靴下を丸めたボールでサッカーしてたじゃない。サッカーボールをあげたらいいんじゃない？　それなら、村の子どもたちみんなで一緒に遊べるし

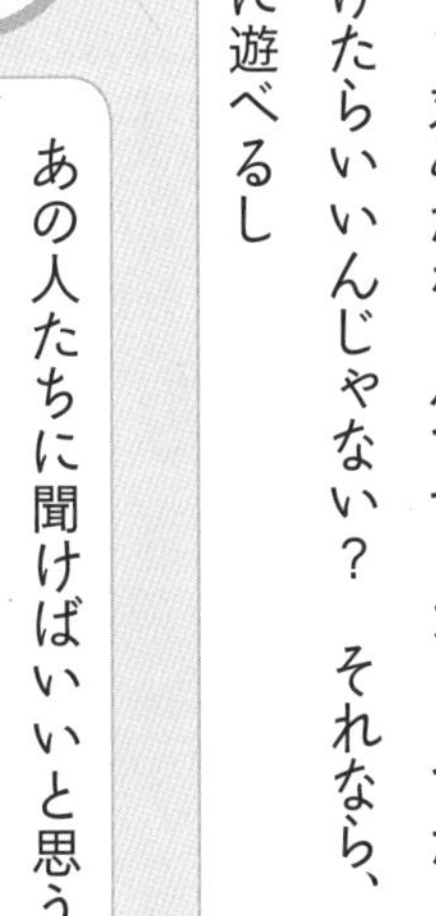

あの人たちに聞けばいいと思う。子どもに聞いたら、すぐに「ほしい」って言いそうだから、お父さんとお母さんに聞いて、「食べたい」って言ったら、あげたらいいと思う

チョコをあげるんじゃなくて、チョコの作り方を教えてあげればいいと思う。スマホで調べればわかるんじゃない？　あ、でも、あの村でスマホが使えるかなあ……

するとそれまで黙って聞いていた、褐色の肌をした男の子が、「うちのお父さん、ガーナ人なんだけど……」と話しはじめた。

オレが小学校3年生くらいのとき、ガーナの親戚のところに行ったことがあって。向こうの子どもたち5人くらいと遊んでるときに、ふつうに、なんの気なしにチョコをあげようとしたら、うちのお父さんに止められた。なんでかわかんなくて、あとで聞いたら、「施(ほどこ)しはいらない」って言われた。そのとき、向こうの叔父さんが不機嫌そうな顔をしてたのを憶えてる。だから、あげるのはやめたほうがいい気がする

その話を聞いて、みんなは黙ってしまった。

「施しはいらない」って、どういう意味だったんだろう？　おじさんが不機嫌だったわけは？

うーん。難しいね。すごく難しい。簡単には答えが出ないね。

ぼくらは、どこまで相手の立場に立って考えることができるのだろう？　相手

の立場に立ったつもりでも、実はそうではないこともあるのかもしれない。
ぼくらに何ができるのだろう? 本当に大事なことは何だろう?

ところで、テレビに出ていた彼らはどうしたか、気になるよね。

実は――。

あ、ちょっと待って。その前に。

彼らが出した答えが「正解」だという保証はどこにもないからね。

「彼らは、こうした。でも、それが正しかったかどうかは、わからない」という前提で、ここから先に進んでほしい。

翌朝、「あいのり」のメンバーは、テテさん家族を再び訪ねた。そして、昨日のご馳走のお礼を言ってから、まず手渡したのが、子どもたちが勉強をするときに使うためのノートだった。表紙には、それぞれの似顔絵と名前、そして「Dreams come true」（夢は叶う）というメッセージが書かれている。そのあと、メンバーのひとりがサッカーボールを渡した。実は彼、サッカーが大好きで、旅の間もずっとそのボールを持ち歩いていたんだ。彼にとっては宝物のサッカーボールだった。

エバネッサくんとエマニエルくんは、はにかみながら「ありがとう」と言って、ノートとサッカーボールを受け取った。

そして最後に、メンバーのひとりが1枚の板チョコを取り出した。

「これが、チョコレートです」と言いながらそれを割って手渡した。

生まれてはじめて食べるチョコレート。エバネッサくんがひとかけらのチョコを黙って受け取り、無表情でそっと口に入れた、次の瞬間——

「エへへへへへ」と、笑い崩れてしまった。想像もしていなかった美味しさに、ぐにゃぐにゃにとろけてしまったようだ。続いて食べたエマニエルくんも「エへへ……」。お父さん、お母さんも、「うん、美味しい」「甘いわ」と、笑顔で言った。

その笑顔を見て、あいのりメンバーも、ほっとしたようだ。

その後、メンバーは、ふたりの兄弟と本物のサッカーボールでサッカーをして走り回り、たくさん笑って一日過ごした。

エバネッサくんとエマニエルくんは、この日のことを、たぶん一生忘れないだろう。

あいのりメンバーがチョコをあげたことが、本当によかったかどうか、それはわからない。

でも、ひとつ言えることは、互いの「関係性」が大事だということだと思う。

ある日、突然やってきた見知らぬ外国人から「ほら、食べてみな」といって放り投げるように渡されたチョコと、一緒に遊んで仲良くなった「友達」にもらったチョコでは、ぜんぜん意味がちがう。

自分とは立場の違う人と出会ったとき、何より大事なことは、「友達になること」なのかもしれない。

フェアトレードって、なに？

さて、テテさん家族が笑顔を見せてくれたのは、よかった。でも、それで問題が解決したわけではない。次の日からあの家族の暮らし向きが良くなるわけでもなく、わずかな収入を得るために、毎日、カカオ畑で長時間働かなければならないことに変わりはない。

だとしたら、そういう問題を解決するために、日本にいるぼくらにできることはないだろうか？

ひとつの解決策になりそうなのが、1940〜50年代にアメリカやイギリスではじまり、世界各国に拡がった「フェアトレード」という取り組みだ。

日本語に訳すと「公正な貿易」という意味になるけれど、「公正」って、どういうことか、わかる？

平等
EQUALITY

公正
EQUITY

たとえば、この絵を見てほしい。背の高さが違う3人の子どもが、塀の向こうでやっている野球を見ようとしている。

ひとり1個ずつ踏み台が与えられれば、それは「平等」ではあるけれど、小さな子は野球を見ることができない（右）。背の高さの違いに応じて踏み台の数を変えれば、3人が一緒に見ることができる（左）。元々の条件の違いを考慮して、皆が同じものを得られるような対応をしようというのが、「公正」の考え方だ。

世界には、経済的に豊かな国（先進国）と貧しい国（発展途上国）がある。それらの国が皆、同じ条件でいっせいに「よーいドン」で競争したら、貧しい国は勝てるわけがない。その差は開く一方だ。

発展途上国は、何か悪いことをしたから貧しくなったわけじゃない。むしろ、先進国が自分たちの利益のために途上国を利用してきた側面のほうが強い。

そこで、経済的に貧しい国からものを買うときには、いくつかの条件を設けて、その国の生産者が困らないようにしようというのが、「フェアトレード」の考え方だ。フェアトレードには、「生産者が健康的な暮らしをするために必要十分なお金を払う」というだけでなく、「その年だけで終わりにせず、長期間の取り引きを約束する」「代金を前払いにする」「生産者の健康や地域の環境に悪い影響をもたらさないよう、環境にやさしい農法で作る」「児童労働を認めない」「その地域の発展のために使えるお金を上乗せして出す」など、いろいろな条件がある。そして、それらの条件をすべて満たして作られている商品にだけフェアトレードの国際認証ラベルが付く。

トーゴのチョコレートの話

ガーナの隣の国、トーゴでは、こんな話もある。

ある国際協力団体の支援を受けて、イタリアでショコラティエ（チョコレート職人）の修業をすることになった、コミ・アドボクさんというトーゴの青年がいた。コミ・アドボクさんが修行を終えた時、そのままイタリアに残ってショコラティエとして働く道もあったが、彼は祖国トーゴに帰ることを選んだ。

そして、毎日カカオ畑で働いているにもかかわらずチョコレートを見たことも食べたこともないという村人たちのところへ行って、チョコレートを食べさせ、これを自分たちの手で作ろうと熱心に説得した。カカオを育てるだけでなく、チョコレートの製造や販売をトーゴの国内で行うことで、貧しい農家を救おうというのが、コミ・アドボクさんが考えたことだった。

はじめは、「そんなこと、できっこない」と皆に笑われたという。しかし、コミ・アドボクさんはあきらめなかった。協同組合を立ち上げ、殺虫剤を使わないことを条件に、通常の2倍の価格でカカオを買い取った。そして、トーゴで初のチョコレートの工場を設立し、よそで働く3倍の賃金で人々を雇った。

そうして出来上がったチョコレートは、「CHOCOTOGO（チョコトーゴ）」という名前でトーゴ産であることをアピールし、次第に利益が生まれるようになった。いまでは、生産に関わる多くの人びとの生活を支えている。

コミ・アドボクさんは「私たちは無知だから貧しかったのです。カカオはトーゴが誇る富であり宝です」と話す。

CHOCO TOGOの工場では、
カカオ豆の皮をむくのも
最初はすべて手作業だった。

ところで、「あいのり」のメンバーが出会ったテテさん家族は、いま、どうしているだろう。あのテレビ番組が放送されてから、もう10年以上経った。現地の状況も、当時とは大きく変わっているはずだ。

２０１０年頃からのアフリカ諸国の経済発展の勢いはすさまじく、ガーナも例外ではない。いまはカカオを原料として輸出するだけでなく、ガーナ国内でもチョコレートが生産されている。首都アクラのレストランでは、チョコレート・ファウンテン（溶かしたチョコレートをクッキーやマシュマロ、フルーツなどにからめて食べるおやつ）が人気だとか。エバネッサくんとエマニエルくんも、あの頃とはぜんぜん違う生活をしているかもしれない。

しかし、ガーナの幼い子どもたちがカカオ農園で働くことが、まったくなくなったかといえば、実はそうではない。安い労働力として悪質な業者に利用されているケースもあるんだ。ガーナでは、カカオの生産のために危険な労働に従事している子どもが、いまも77万人もいるという。

そうした問題を解決するために、ＮＧＯ（民間の国際協力団体）などが、ガーナ政府とも協力しながら、児童労働が行われていないか監視したり、子どもたちが学校に行けるように支援活動を行ったりしている。また、最近は、お菓子のメーカーも、カカオ産地の児童労働を問題視するようになり、カカオを買い付ける先を選ぶようになってきている。

きみがチョコレートを買ったり、人にあげたり、食べたりしている間にも、世界はどんどん動いているんだ。

もっと知るために、考えるために

ウェブサイトで調べてみよう

●フェアトレード ジャパン

（特定非営利活動法人フェアトレード・ラベル・ジャパン）

フェアトレードの普及のために活動する機関。ホームページには、フェアトレードに関する情報がたくさん載っている。
https://www.fairtrade-jp.org/

●ACE

世界の児童労働をなくすために活動するNGO。ガーナではフェアトレードのカカオの生産を支援している。
https://acejapan.org/

●日本チョコレート・ココア協会

（統計資料）

http://www.chocolate-cocoa.com/statistics/index.html

●ChocoTogo

アフリカのトーゴで生まれたチョコレート・メーカー
https://www.chocotogo.com/

●Chocolat MADAGASCAR

アフリカのマダガスカルでカカオの栽培から製品化までを一貫して行い、日本にも輸入されているチョコレート。そのような生産・販売のやり方を「レイズトレード（raise trade）」と呼んでいる。
https://www.chocolatmadagascar.com/

2 親しくなったストリート・チルドレンの頼みを聞き入れるべきか？

もうひとつ、この話題もテレビの番組から。

女優の宮崎あおいさんが20代の頃、インドの隣にある国、バングラデシュを訪ねたことがある。

宮崎さんが首都ダッカの下町を歩いていると、お米の問屋街に行きあたった。道路わきに並ぶ大きな倉庫には、麻でできた大きな米袋が山のように積まれている。倉庫の前には次々にトラックや人力車がやってきて、その荷台に男たちが重い米袋をどんどん載せていく。

そんな街の路上や倉庫の中で、小さな箒(ほうき)のようなものを持って、大人たちの間を縫うように歩きまわり、掃除をしている女の子たちがいた。年齢は皆、10歳前後のようだ。

ところが、よく見ると、彼女たちはゴミを掃除しているのではなく、麻の米袋からときどき地面にこぼれ落ちるわずかな米粒を掃き集め、それを1粒も残さないよう、ていねいに手で拾ってバケツや空き缶に入れているのだった。

何のために？　商品のお米を無駄にしないように、お米の問屋さんに雇われて働いているのだろうか？

「みんな、ここでお米を拾ってるけど、そのお米どうするの？」

宮崎あおいさんが一人の女の子に訊ねると、

「家に持って帰って食べるの」

という答えが返ってきた。

彼女が手にしたプラスチックのバケツのような入れ物には、ゴミや埃(ほこり)の混じったお米が入っていた。

彼女の名前はアメナ。11歳。

学校に通ったことはなく、5歳のときから毎日ここで米拾いをしている。

お母さんは暴力をふるう夫に家を追い出され、生まれたばかりのアメナと当時5歳だったアメナの兄を連れてダッカに来て、スラム街で小さな部屋を借りた。電気も水道もガスもなく、窓もない、暗くてじめじめした部屋で家族は暮らしている。お兄ちゃんは縫製工場で、お母さんは家政婦として働いている。家政婦の仕事は、雇い主の家の掃除、洗濯、料理、子どもの面倒を見ることなど。アメナのお母さんは年間365日、1日の休みもなく、夜遅くまで働いている。アメナが拾ったお米は、お母さんが勤め先の家に持って行き、そこで台所を借りて炊いているらしい。

Asia【アジア大陸】
バングラディシュ
Bangladesh

アメナと親しくなった宮崎あおいさんは、ある日の夜、仕事を終えたお母さんに会って、アメナの将来のことについて話を聞いてみた。

「お母さんは、アメナに将来、どんなふうになってほしいと思っていますか？」

すると、お母さんからは、こんな答えが返ってきた。

「あの子はまだほんの子どもです。いまからそんな先のことを考えてもしょうがないでしょう。私は夢なんか見ないほうがいいと思っています」

勉強する機会もないまま大人になり、文字の読み書きもほとんどできないお母さんにとって、「将来の夢」というのは、考えても空しいだけの無意味なものなのだろうか。

アメナは最近、友達と一緒に、NGOがやっているストリート・チルドレンのためのフリースクールに通いはじめ、少しずつ文字の読み書きをおぼえている。

学ぶ楽しさをおぼえたアメナは、ある日、宮崎さんに、はにかみながら、こう言った。

「うちにお金があれば、本物の学校に行けるんだけど……そのために協力してくれないかな」

宮崎さんは困ってしまった。

いまここで、ある程度のお金を渡して、「これでしばらく学校に通ってね」ということはできる。でも、それでいいのだろうか。それがアメナにとって良いことなのか。

宮崎さんは、その場ですぐに答えを出すことができず、「またこんどね」といって、アメナと別れた。

もしもきみが、宮崎あおいさんの立場だったら、どうするだろうか？

みんなの意見

アメナだけ助けたら不公平だよね。お米を拾って、学校に行けない子は、他にも大勢いるんだから

うん。あたしもそう思う

でも、不公平とか言ってたら、永久に誰も助けられないじゃん。貧しい子どもたちをみんな一度に助けるなんて、無理なんだから

でも、アメナにお金をあげたことがまわりの子に知れたら、みんな、「私にもお金ちょうだい」って言うにきまってるよ

でも、宮崎さんにとって、アメナは、他の子より仲良くなった、特別な関係でしょ。友達としての責任、みたいなものがあるんじゃないかな。じゃないと、こんなに仲良くなったのにって、アメナをがっかりさせるというか、こっちを信じて、勇気を出して言いにくいことを言い出した彼女の気持ちを裏切ることになるんじゃないの？

でも、その場でお金をあげても、すぐになくなるじゃない。そのあとは、どうするの？

うーん。アメナが自立できるような応援の仕方があればいいと思うけど……

自分とぜんぜん立場のちがう、アメナみたいな貧しい子と、そんなに親しくなるべきじゃなかったのかなあ…

「お金がほしい」と言われても、あげないほうがいいのだろうか？

お金をあげないとしたら、その代わりにアメナのために何かできることはある？

人が「自立」するためには、何が必要なのだろう？

きみは、なんだと思う？　たとえば、きみ自身にとって、これから成長して自立していくために必要なものはなに？

翌日、アメナに会った宮崎あおいさんは、彼女に2冊の本を渡した。

1冊は、バングラデシュの昔話の絵本。文字も簡単で、アメナは大きな声で読むことができた。

2冊目もバングラデシュの民話だが、かなり分厚い本で、字も小さい。

宮崎さんは、「こっちの本は、まだ難しいかもしれないけど、この本も読めるようになりたいなとか、この本が読めるようにもっと勉強をがんばろうって思ってくれたらいいなと思って」と言って、2冊目の本をアメナに渡した。

アメナは、「NGOのフリースクールの先生になって、私みたいにお米を拾って学校に行けない子どもたちに勉強を教えたい」と、自分の夢を語った。

人が自立するために必要なものって、なんだろう？

きみは、どう思う？

自立を助ける仕組み、マイクロ・クレジット

最近でこそ、女性も外に出て働く姿を見かけるようになったけれど、バングラデシュでは、多くの人がイスラームを信仰していることもあって、昔から女性は家の中で働き、人前には出ないものだという考え方が強かった。20年ほど前までは、市場に行っても売り手も買い手も男ばかりという光景が普通だった。

そんな時代のバングラデシュで、貧しい女性の社会進出に大きな役割を果たしたのが、「マイクロ・クレジット」という仕組みだ。

何か商売をはじめるには、「元手」が必要だ。たとえば、日用品を売る小さな雑貨屋さんをはじめようと思ったら、最初の商品を仕入れるためのお金が要る。それが売れて利益が出たら、そのお金で次の仕入れをすればいい。

ところが、一日一日の暮らしで精いっぱいで、貯金などする余裕のない貧しい人たちは、「元手」になるような余分なお金を持っていない。銀行からお金を借りられればいいけれど、そのための「担保（たんぽ）」になるようなものもない。担保というのは、万が一、お金を返せなかったときには代わりにこれを差し出しますと銀行に約束するものだ。家畜など自分の財産があれば、それを担保にしてお金を借りることができるが、貧しい人はそれも持っていない。

そんな中、貧しい女性たちに無担保でお金を貸し出す画期的な仕組みを考えた人がいた。バングラデシュの経済学者、モハマド・ユヌス博士だ。

お金を借りたいと考える女性たちは、まず、仲間を誘って、８人くらいのグループを作る。そして、そのうちの誰かがお金を借りるときには、他の７人が「保証人」になる。もしもその人がお金を返せなかった場合には他のメンバーが代わりにお金を返すというのが、その仕組みだ。これなら、担保がなくてもお金が借りられる。

とても簡単な仕組みだけれど、これがうまくいった。

バングラデシュの農村では、隣近所の人とのつながりが深く、村人たちはお互いのことをよく知っている。「あの人なら真面目に働いて、ちゃんとお金を返すはずだ」という信頼関係がある。

また、バングラデシュの女性たちは、それまで家の中のことしかしていなかったとはいうものの、裁縫や家畜の飼育など、学校に通わなくても、いろんな技術を身につけていた。

たとえば、借りたお金で数羽のアヒルを買い、それを育てて卵を産ませ、その卵を売る。子牛を買って育て、大きくなってから売れば高く売れる。

家畜の育て方を知らなければ難しいが、バングラデシュの村の女性は、それができた。

この仕組みを考えたモハマド・ユヌス博士は、グラミン・バンクという、銀行業務を行うNGOを設立し、女性たちに無担保でお金を貸し出した。このマイクロ・クレジットの仕組みは、その後、アジア、アフリカ各国に広がりを見せた。その功績が高く評価され、博士は２００６年にノーベル平和賞を受賞している。

マイクロ・クレジットは、貧しい女性に「自分もやればできる」「まわりの仲間が自分のことを評価してくれている」という「自信」と、「こういう商売をして、これだけのお金を稼ぎ、将来はこんな生活をしたい」という「目標」と、「お金を返さなければいけない」「仲間の信頼をうらぎるわけにはいかない」という「責任」を与え、女性の自立を後押しした。

つまり、人が自立するために必要なものは、「自信」「目標」「責任」の３つだともいえる。

宮崎あおいさんがアメナに渡した2冊の本は、1冊目の薄い絵本が「私にも読める」という「自信」を与え、2冊目の難しい本は、「この本が読めるように、もっと勉強しよう」という「目標」になったんじゃないだろうか。そして、「将来はストリート・チルドレンに勉強を教えたい」という夢を宮崎さんに語ったことは、ある意味、ひとつの約束をしたことになり、それは彼女にとっての「責任」だと考えることもできる。

ただし、マイクロ・クレジットという仕組みが完璧かというと、必ずしもそうではない。お金を借りてビジネスをはじめてもうまくいかず、借金が返せなくなる人もいないわけじゃない。その場合は他のメンバーが借金を肩代わりしてくれるが、それがもとで仲間割れして、グループが続かなくなることもある。

また、当時のバングラデシュは、スーパーやコンビニがたくさんある日本とは違い、商店も少なかったので、個人で小さなビジネスをはじめることがそんなに難しくなかったが、国全体の経済が発展してきたいまでは、かつてほど簡単ではないだろう。ある時期、ある状況のもとでうまくいったことも、時代が変わり、地域も違うと、おなじようにうまくいくとは限らない。過去に他の場所でうまくいったやり方をそのまま真似るのではなく、その時、その地域の状況の中で、いちばん効果的なやり方を見つけることが必要なんだ。

もっと知るために、考えるために

こんな本を読んでみよう

●『宮崎あおい＆宮崎将 たりないピース』

（宮崎あおい・宮崎将、小学館）

●『シャプラニール流 人生を変える働き方』

（藤岡みなみ、エスプレ）

ウェブサイトで調べてみよう

●シャプラニール＝市民による海外協力の会

バングラデシュやネパールで、貧しい人々の生活向上のために活動しているNGO。
https://www.shaplaneer.org/

3 学校に行かずに働いている少女が作った服を着るか？

また突然だけど、きみがいま着ている服は、どこで買った？

ユニクロ？　ＧＵ？　古着屋さん？　ネットで見つけてポチった？

買った場所はいろいろだと思うけど、じゃあ、その服がどこの国で作られたか知ってる？

服の裏側に着いているタグに「Made in ○○」という表示があるんじゃないかな。ちょっと見てごらん。

「Made in China（中国製）」って書いてある？　それとも、他の国かな？

ついでに、きみが持っている他の服も調べてみて。中国だけでなく、ベトナム、タイ、カンボジア、スリランカ、バングラデシュなんかもあるかもしれない。もしかしたら、アフリカや中南米の国の名前も。そうやって調べてみると、むしろ、「Made in Japan（日本製）」の服のほうが少ない、いや、少ないどころか、ほとんどないことがわかるよね。そう、ぼくらが着ている服は、そのほとんどが外国で作られている。

たいへんな事故が起きた！

バングラデシュは、外国向けの衣類をたくさん作って輸出している国のひとつだ。縫製産業は、この国の雇用と経済を支えている。かつて、「アジアの最貧国」と呼ばれたバングラデシュの経済が2010年頃から急成長したのは、まさしくそのおかげだ。

ところが、そのバングラデシュで、あるとき、縫製工場で働く人たちが一度に1100人以上も命を落とすというたいへんな事故が起きた。

ラナプラザという名の8階建てのビルが突然、崩れ落ちたのは、2013年4月24日の朝9時頃のことだった。

このビルは、2006〜2007年に4階建ての建物として造られたのだけれど、2012年に5階から8階を建て増し、事故が起きたときは、さらに9階を建て増そうとして工事中だった。

実は途上国ではこういうやり方は珍しいことではない。建設資金が足りない場合、とりあえず低い建物を造り、その後、資金ができたら上の階を造る。でも、そんな建て方では、構造上、十分な強度が確保できないことは容易に想像がつくと思う。

倒壊したのは、こうしたビルの構造上の問題に加えて、上のほうの階で、たく

2013年4月24日、バングラディシュの首都ダッカにあるラナプラザビルが倒壊し、1100人以上が亡くなった。ここでは貧困家庭出身の若い女性たちが劣悪な条件で働き、「ファストファッション」を製造していた。

さんのミシンを動かすために、非常に重くて振動の激しい発電機が何台も使われていたことも原因だと言われている。実は、事故が起きる前日、ビルの壁面に大きなひびが入っているのが見つかり、危ないんじゃないかと心配する人もいたのだが、ビルのオーナーが「大丈夫だ」といって従業員に仕事をさせたらしい。

このビルの3階から8階には6つの縫製工場が入っていて、その日も大勢の人々が朝早くから、広いフロアにびっしり並んだミシンに向かい、シャツやズボンを縫っていた。事故が起きた時、建物の中では2000人以上が働いていた。

この事故で命を落とした人の多くが、縫製工場で働く10代から20代の若い女性だった。地方の貧しい家に生まれ、現金収入の得られる仕事がなかったため首都のダッカに出てきて、スラム街の小さな部屋を借りて暮らしながらこの工場で働いて故郷の家族に仕送りをしていたという人も多い。

この事故をきっかけに、バングラデシュの縫製工場で働く女性の安全の確保と労働環境の改善を訴えるデモやストライキが相次ぎ、業界団体もバングラデシュ政府も、それなりの対応をせざるを得なくなった。

その結果、労働者の1カ月の最低賃金が、3000タカ（約3900円）から5300タカ（約6900円）に引き上げられた。

しかし、給料は上がっても、安心して働ける労働環境が実現したかというと、それは簡単ではない。耐震性に問題があることがわかっても、ビルの建て替えにはお金がかかり、簡単にはできないからだ。

バングラデシュの衣料品工場の労働者を救う9つの方法

こうした状況を変えていくために、日本にいるぼくらにできることはないだろうか。

左に、バングラデシュの衣料品製造現場で働く人々の労働環境を改善し、人権を守るための取り組みとして、AからIまで9つの方法が記されている。65ページの図を描いた紙を用意してこれらの行動の順位づけをしてみよう。問題を解決するためにいちばん有効なことをいちばん上の○の中に記入し、次に有効なことを2段目に、と順に入れていって、最も効果が薄いこと、あるいは最もすべきでないことがいちばん下の○の中にくるように記号で書き入れる。

A~I以外に、もっと有効な手段があれば、自分で新しい選択肢(J、K…)を作って、不要な選択肢と差し替えても構わない。

まずは、きみの考えを整理してから、他の人の考えと比べてみよう。

A　バングラデシュ製の安い衣料品を買うのをやめる

B　バングラデシュ製のものを売っている衣料品メーカーに対し、製造工場の労働環境を調査し、問題があれば改めるよう働きかける

C　バングラデシュの貧しい人々が置かれている状況や、先進国と開発途上国の間

にある「格差」（南北問題）について学ぶ

D　バングラデシュの貧しい人々がより良い仕事に就けるよう、学校教育や職業訓練の援助を行う

E　安い衣料品を作るために劣悪な労働環境の下で働いている人たちがいることについて、家族や友人など、身近な人たちと話す

F　労働者の権利が守られた場所で作られたことがわかる衣料品（フェアトレードの認証ラベルが付いている商品など）を選んで買う

G　マスコミやインターネット等を通じて、安い衣料品の陰に存在する労働者の問題について、多くの人に伝える

H　現地の衣料品製造業界により多くのお金が流れ、労働環境を改善できるように、バングラデシュの製品をたくさん買う

I　バングラデシュ政府に対し、労働者の労働環境を改善するよう、働きかける

優先順位

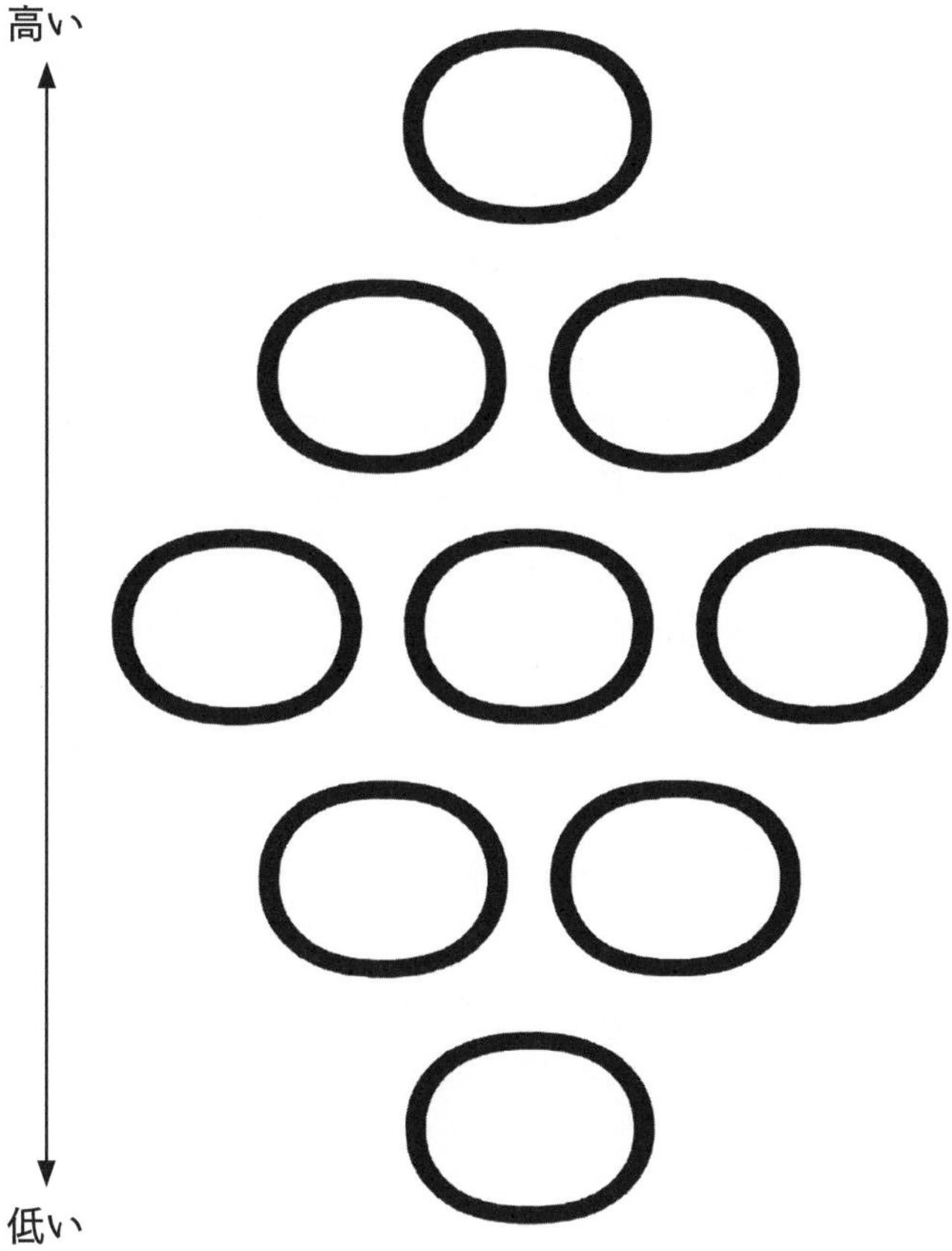

高い

低い

みんなの意見

日本だったら、こんな違法建築、許されないよ。バングラデシュの政府がしっかり監視しないといけないと思う。だからーが上のほうにくると思う

バングラデシュの製品をたくさん買うっていうのは(H)、結局、お金持ちの資本家がもっとお金持ちになるだけで、貧しい人の収入はほとんど増えないと思うから、意味がない

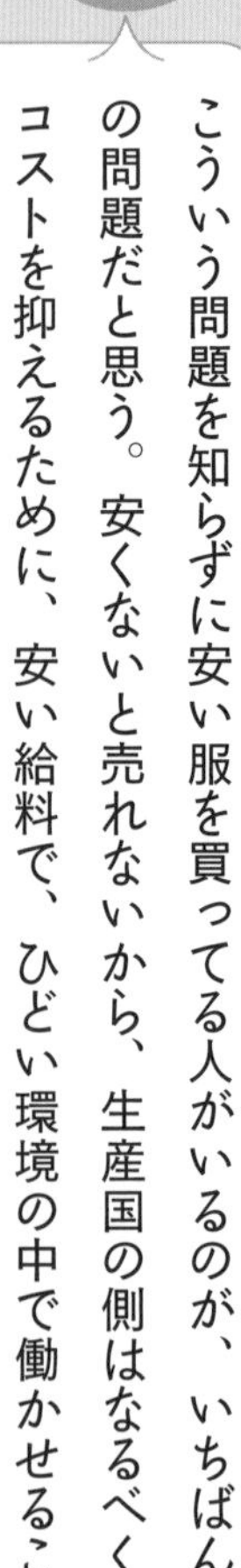

こういう問題を知らずに安い服を買ってる人がいるのが、いちばんの問題だと思う。安くないと売れないから、生産国の側はなるべくコストを抑えるために、安い給料で、ひどい環境の中で働かせるこ

とになるわけでしょ。だから問題を知らせることが大事。いちばん上にくるのはGだと思う。それと、ぼくたちが身近な人に知らせるEも大事

でも、問題を伝えるためには、私たちがその問題を理解してないといけないわけだから、Cも大事なんじゃない？

安い給料でキツイ仕事をしているのは、他の条件のいい仕事につけないからでしょ。だとしたら、Dの教育とか職業訓練のほうが意味があると思う

すぐには効果は現れないかもしれないけど、根本的に問題をなくしていくためには、Fのフェアトレードにも意味があると思う

でも、フェアトレードを広めるためには、知らせること(G)が必要でしょ？

企業は、モノが売れなくなって収入が減るのがいちばんイヤなわけだから、Aの「買わない」ことにも意味があると思う

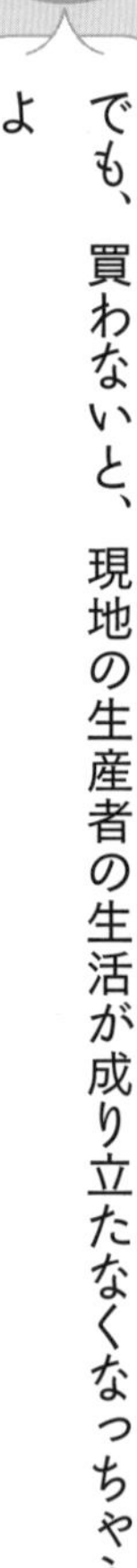

でも、買わないと、現地の生産者の生活が成り立たなくなっちゃうよ

企業への働きかけ(B)は、大事なことだと思う。でも、具体的にどうやったらいいのか、わからないなあ……

さて、きみはどう考える？

ラナプラザの事故のあと、欧米や日本の企業の多くが、取引先の工場が安全基準を満たしているかどうか調査をするようになった。

日本は地震が多いので、建物の耐震性の検査に関して、とても高い技術を持っている。そこで、日本のＪＩＣＡ（国際協力機構）は、ビルの強度を検査する専門家を現地に派遣した。すると、検査の結果、約7割の建物が強度不足であることが判ったという。

しかし、安全基準を守っていない工場もまだなくなってはいない。安全基準を満たすためには、ビルの建て替えや補強工事に多額の費用がかかるが、欧米のメーカーや日本政府がそのお金を出すわけではない。ある程度大きな会社は、ビルの補強工事をしたり、安全な建物に引っ越したりできるが、小さな会社は、そうはいかない。結局、小さな会社で働かざるを得ない貧しい人々は、いつまでも悪い条件のもとで働き続けることになる。

「エシカル」って、なんだろう？

きみは、「エシカル」ということばを聞いたことはあるかい？

英語で「倫理的な」という意味の形容詞だけれど、このことばがいま、自然環境や人権の問題を考える上で、意識すべき大事なキーワードとして注目されている。

バングラデシュの縫製工場で働く人を守るための取り組みにしてもそうだけれど、何かひとつ、はっきりした「正解」があるわけではない。問題は複雑だし、「これさえやれば大丈夫」という魔法のような解決策はない。

けれど、何かを選択することになったとき、AかBか、よーく見比べて、少しでも問題の解決につながるほう、問題を悪化させずに済むほうを選ぶことはできるんじゃないだろうか。

服を買う時、何かを選ぶとき、長い目で見て、どちらが人や環境にやさしいか、しっかり考えること。それが「エシカル」な考え方、生き方なんだ。そのためには、この世の中にどんな問題があるか、日頃から興味を持ち、視野を広くして、学ぶ姿勢が大事だよね。

ヨーロッパのある国で、こんな実験が行われた。

人通りの多い街角の広場に置かれた1台の自動販売機。Tシャツを売る自動販売機だ。値段は1枚2ユーロ（約300円）と安い。

お金を入れて、ほしいシャツのサイズ（S／M／L）のボタンを押すと、自動販売機のスクリーンに短い動画が流れる。

動画では、バングラデシュの縫製工場で働く幼い女の子の姿が紹介される。学校にも行けず、1日16時間働いて、もらえるお金はほんのわずか。

安いTシャツを作っているのが、そういう女の子たちなんだという現実を知ったところで、画面に2つのボタンが表示される。「BUY」（買う）と「DONATE」（寄付する）。「BUY」は、そのまま2ユーロのTシャツを買うということ。「DONATE」は、その2ユーロを、過酷な状況で働かされている子どもたちを救うためのNGOの活動に寄付するということ。

はじめは安いTシャツを買うつもりでお金を入れたはずだが、その動画を見ると、ほとんどの人がそこで「DONATE」を選んだ。

この様子を紹介した短いプロモーション・ビデオの最後に、こんなメッセージが現れる。

「People care when they know（人々は、それを知れば、気にかけるようになる）」

どこでどんな人が服を作っているのか知らなければ気にもかけないけれど、それを知った人は、それまでとは違った選択をするようになる、ということだろう。

実は、この実験、ラナプラザ・ビルの事故にショックを受けた人たちが立ち上げた「ファッション・レボリューション（Fashion Revolution）」という団体が行っているキャンペーンのひとつだ。

知ること、知らせること。そこから世界が変わっていく。

もっと知るために、考えるために

ウェブサイトで調べてみよう

●エシカル協会

「エシカル」の考え方を広めるために活動しているNPO。
https://ethicaljapan.org/

●ファッション・レボリューション

ラナプラザの事故をきっかけに始まった、ファッションをめぐる問題についてさまざまなキャンペーン、教育活動を行っているNGO。本部はイギリスにある。
https://www.fashionrevolution.org/

こんな映画を観てみよう

●「メイド・イン・バングラデシュ」

（監督：ルバイヤット・ホセイン　2019年）

バングラデシュの衣料品工場で、劣悪な労働環境と低賃金に苦しみながら働いてきた一人の若い女性が、人間らしく生きるために自分たちの権利を求めて仲間と立ち上がる。（配給：パンドラ）

●「ザ・トゥルー・コスト——ファストファッション 真の代償」

（監督：アンドリュー・モーガン　2015年）

誰かの犠牲の上に成り立つファッション業界の大量生産・大量消費の問題を取り上げ、エシカル＆フェアトレードの可能性を考えるドキュメンタリー。（配給：ユナイテッドピープル）

貧しい村を発展させるために水道・電気・道路のうちどれを選ぶか？

アフリカといえば——。
きみは、どんなものを思い浮かべる？
ゾウ、キリン、ライオン、シマウマ……。
大草原、バオバブの木、どこまでも広がる青い空。
槍を持ってジャンプするマサイ族の男たち？
そうかもしれないね。でも、21世紀になって、アフリカは大きく変わった。都会には高層ビルが建ち並び、大きなショッピングセンターもある。マサイの人たちだって、みんなスマホを持ち、SNSを使っている。アフリカが「遅れてる」とか「貧しい」なんて、昔の話だ。

ただ、一方で、そうした経済発展から取り残されている地域があることも事実だ。都会と田舎の「格差」がどんどん広がっている。

時代の流れから取り残されそうになっている村の生活を良くするためには、何が必要なのだろう?

道路か電気か水道か?

東アフリカ、タンザニアのある村。きみは、ここに住む村人だ——と思って、ここからの話を読んで考えてほしい。

村長は、村には不便なことがいろいろあり、困っている人も多いので、この村の生活を良くしたいと考え、村人に意見を聞くことにした。この村の発展のために、「水道」「電気」「道路」の3つのうち、まず整備すべきものは何か。最初の3年間だけ、外国の援助団体から技術とお金の協力が得られる。ただし、協力してもらえるのは、ひとつのプロジェクトだけ。10年後の村の生活を良くするためには、どうすればいいだろう?

この村は――

・人口は約300人。農業に携わる人が多い。トウモロコシなどの農作物を作って生活している。
・小さな子どもも牛を追ったりして家の仕事を手伝っている。
・電気はどの家にも通っていない。夜はランプで過ごす。
・村に水道はない。井戸が3カ所。井戸水は、飲み水としては安全とはいえない。

・半数以上の大人が携帯電話を持っている。

・道は赤土でできていて、雨期になるとひどくぬかるんで、ところどころ、車が通れなくなる。

・町まで32キロメートル。車で約2時間、歩くと8時間かかる。

・道路がアスファルト舗装されれば、町まで1時間で行けるようになる。

・町は、都会と呼べるほど大きいわけではないが、大きな市場があり、個人商店もたくさんあって、活気に満ちている。若者に人気のインターネット・カフェもある。

・村には古いマイクロバスが2台ある。バイクを持っている人は数人だけ。

村長が村の人たちに尋ねると、こんな意見が出た。

「都会で仕事をする人は皆、パソコンを使っている。これからの時代、IT教育は不可欠だ。村の教育レベルを上げるために、ぜひ電気を通してほしい。水は

頭の上に薪を載せて運ぶ女性たち

子どもが牛に荷車を引かせている

井戸があるので問題ない」（小学校の校長先生）

「オレがいま、いちばん欲しいものはオートバイだ。オートバイがあれば、自分が作った野菜を町まで売りに行ける。町まで楽に行けるように、道路を作ってほしい。道路があれば、町へ行ってモノを売ることができるから、現金収入も増えて、この村の生活もだんだん良くなるはずだ」（農家の青年）

「水道を作ってちょうだい。水汲みは女の仕事。この村の女たちは、毎日、20リットルの水を10回、井戸まで行って汲んでるんだよ。それはもう、たいへんなんだから」（村の女性）

そして、その様子を見に来ていた現地の水道局で働いている人は、「衛生的な水が飲めるように水道を作るべきです。汚れた水は、下痢や赤痢などの病気の原因になる。電気や道路とちがって、水は命にかかわる問題ですよ」と言った。

さあ、この人たちの意見を聞いて、きみは、村の住民のひとりとして、どう考える？

【問1】村の生活が良くなるとは？

そもそも、「村が発展する」とか、「生活が良くなる」って、どういうことだろう？　どんな変化が起きたときに、自分の村が発展したと思えるだろうか？　「10年後、この村がこうなっていたら」と、その状況を具体的に考えてほしい。

【問2】何をいちばん優先する？

そのためには、「道路」「電気」「水道」のうち、どれを優先して整備するのがいいだろうか？　その理由は？　「最初の3年間だけ、外国の援助団体*から技術とお金の協力が得られる」という条件も踏まえて考えよう。

＊外国の援助団体
開発途上国は、先進国の政府や民間団体、国際機関などから多くの援助を受けている。日本では、ＪＩＣＡ（国際協力機構）のような政府機関や、たくさんのＮＧＯ（民間の国際協力団体）が、さまざまな支援活動を行っている。

みんなの意見

●水道を選んだ人の意見

何よりも人の命がいちばん大事。とくに小さな子どもは、汚い水が原因で病気にかかり、命を落とすこともある。村人が悲しい思いをしなくてもすむようにしてほしい

人々が健康でなければ、電気も道路も意味がない

女性が水汲みの仕事から解放されれば、その時間を有効活用して、新しい野菜の栽培や裁縫など、他の仕事ができるようになる

●電気を選んだ人の意見

町と村の格差をなくすためには、情報の格差をなくすことが必要。電気が来て、テレビやパソコンを通じて情報が得られるようになれば、村の生活も町に追いつくことができる

電気があれば、夜も勉強をしたり、仕事をしたりできるようになり、進学率の向上や経済活動の活性化が期待できる。村の教育水準が上がれば、若者たちがいい仕事について、いまよりずっとお金を稼げるようになる

●道路を選んだ人の意見

外国の援助を受けて電気の設備を作ってもらい、その電気を周囲の村に売れば、お金が入る。そのお金で、水道や道路を作ればいい

病人やけが人が出て、町の病院まで運ぶときも、道が悪いと時間がかかって手遅れになることがある。道路は、命にかかわる問題でもある

この村を発展させるためには、お金が必要。人やモノが動けば、お金も動き、収入が増える。町まで楽に行き来するための舗装道路は重要

●水道を選ぶ意見に対する反論

水道ができても、何年も使っていれば、水道管が壊れたりすることもある。古い水道管は錆びついて、茶色く濁（にご）った水しか出なくなるかもしれない。それならまだ、井戸水のほうがましだ

水道に水を送るためにはポンプが必要。ポンプの機械が壊れたらどうするのか。素人では修理ができない。修理してもらうためにはお金がかかるが、そのお金はどうするのか？

●電気を選ぶ意見に対する反論

電柱を建てて電線を引いても、悪天候で電柱が倒れたり電線が切れたりするかもしれない。はじめの3年間は外国の援助が受けられるが、そのあとは、村人がメインテナンスをしなければならない。そのためのお金はどうするのか？

テレビもパソコンも、お金がなければ買えない。この村でそんな余裕のある家は、ほんのわずかだ。電気が来ても、皆がその恩恵を受けられるわけではない

いまは、ソーラー発電という手段があるから、わざわざ電線を引かなくても、各家庭にソーラーパネルを設置すれば電気が使えるようになる

教育水準が上がっても、教育を受けた若者は、都会に出て行ってしまい、この村の貧しさは変わらない

●道路を選ぶ意見に対する反論

バイクを持っていて、自分で町まで行ける人はいいけれど、そうでない人は、たいした恩恵を受けられない。道路を作ると、村人の間に不公平が生じる

町まで簡単に行けるようになると、若者たちが町に出かけて悪い遊びをおぼえたりするかもしれない。夜遅くまで帰ってこない者もいるかもしれない

アスファルトの舗装道路ができても、何年かすれば、また工事が必要になる。そのときにかかるお金はどうするのか？　外国の援助団体が引き揚げた後に残るのが、穴ぼこだらけの道路では意味がない

どうやら、どれを選んでも、外国の援助が終わったあとのメインテナンスの問題は避けられないようだ。

また、教育水準が上がると、かえって若者が都会に出て行ってしまい、働き手が減るのではないかと心配している人もいる。

では、どうすればいいのだろう？

もういちど、「発展」とは何か、というところに立ち返って考えてみよう。10年後、この村がどうなっていれば、「発展した」と実感できるのか。一人ひとりの生活をなるべく具体的に思い浮かべて、「いまはこんな生活をしているけれど、10年後にはこうなっているといい」というふうに、ことばにしてみよう。

「発展する」とは、人の生活が「豊かになる」こと？　お金をたくさん稼ぐこと？「便利になる」こと？　「幸せになる」こと？　「豊かさ」や「便利さ」と「幸せ」はイコールなのかな？

別の角度から考えてみる

あるとき、バングラデシュから来たひとりの青年がこの議論に参加して、こんなことを言った。

「この村に必要なものは、電気だと思う。電気は人の気持ちを変える。夜も明るくて勉強ができたり、テレビやパソコンが使えるようになって、いろんな情報に接すると、自分も、もっといい生活をしたいと思うようになる。子どもたちは将来に向けていろんな夢を持つようになる。夢を持つことは、人生において、とても大事なこと。だから、この村に必要なのは電気だと思う」

彼の出身国、バングラデシュは、かつてはアジア最貧国といわれ、繊維製品の輸出などによって経済が大きく成長したいまも、貧富の格差は大きく、貧しい暮らしをしている人たちも多い。バングラデシュの地方出身の彼も、子どもの頃は電気のない生活をしていた。そんな彼が発することばには説得力がある。

彼の意見は、村を発展させるためには、人びとが自分たちの暮らしをもっと良くしたいという意欲を持つことが大事。「幸せ」とは、人びとが夢や希望をもって暮らせること、と言い換えることができるかもしれない。

4 貧しい村を発展させるために水道・電気・道路のうちどれを選ぶか？

実は、実際にタンザニアの村に住む人たちに同じ質問をしたことがある。村の人たち20人くらいが集まっているところで、一緒に行ったメンバーのひとりが「この村にいちばん必要なものは、水道、電気、道路のうち、どれですか？」と聞いたんだ。そのとき、どんな答えが返ってきたと思う？

ある若い男性が、すぐに「道路」だと答えた。道路が舗装されれば、町まで野菜を持って行って売ることができる。お金を稼ぐことができるからと。ところが、まわりの人たちが、あわてて彼の発言を止めにかかった。スワヒリ語で話しているから、何を言っているのか分からないけれど、どうやら、「おまえ、そうじゃないだろう。勝手なことを言っちゃダメじゃないか」と言っているような雰囲気だ。そして、別の人が「いちばん大事なのは、水道です」と言い、まわりの人たちも頷(うなず)いた。

いったい、なんで急に答えを変えたんだろう？　なんでみんながすぐに「水道」という考えでまとまったんだろう？　と不思議に思ったけれど、考えてみたら、そのとき、ぼくらは、日本のＪＩＣＡ（国際協力機構）の関係者と一緒にその村を訪ねていて、日本から来た水道の技術者も一緒にいたんだ。つまり、そこで「水道」と答えたほうが、日本の援助が受けられるという計算が働いていたにちがいない。

現地に住んでいる人たちにも、実は、「正解」は分かっていないのかもしれない。

「発展」って、なんだろう？　「豊かさ」って、なんだろう？　簡単には答えは出ない。

もしかしたら、この村に本当に必要なものは、「水道」でも「電気」でも「道路」でもなく、何か他のものかもしれない。与えられた選択肢を一度疑ってみることも大事だ。

たとえば、こんな方法もある

「箱モノ援助」ということばがある。貧しい国を援助するために、学校を建てたり、病院を造ったりする。つまり、「箱」のような四角い形をした「入れもの」の援助をするという意味だ。

しかし、学校を建てても先生がいなかったり、病院を造っても医師や看護師がいなかったりしたら、何も意味がない。その人たちを雇う人件費が必要だ。建物は一度造ったらそれで終わりだが、人件費は、その後も誰かがずっと負担しなければならない。また、新しい病院を建ててそこに最新の医療器械を導入しても、それを使いこなせる専門の技術者がいないとか、壊れたときに修理できない、部品が買えないというのでは、役に立たない。

１９８０～90年代の日本のＯＤＡ（政府開発援助）には、そうした「箱モノ援助」が多く、建てるだけ、造るだけでは、途上国の発展にはつながらないと批判されていた。

そんな経験を経て、国際協力では次第に「住民参加型」の開発が重要だと言われるようになっていった。

JICA（国際協力機構）では、現在、そうした住民参加型の開発事業のひとつとして、アフリカ各国で「みんなの学校」というプロジェクトを進めている。

これは、お金をかけて大きく立派な校舎を建てるのではなく、その地域に住む大人と学校の先生たちが集まって、学校の運営について話し合う委員会を作り、そこでいろいろなアイデアを出し合って、自分たちの手で校舎を造り、先生たちの給料が足りないとなれば、みんなでお金を出し合ったりしながら、学校を運営していくという取り組みだ。

手造りの校舎は、日本の感覚からすると、「小屋」と呼んだほうがぴったりくるようなものもあるけれど、大事なのは建物の見た目ではない。そこに先生と生徒が通い、ちゃんと授業が行われていればいいんだ。

村の大人たちが知恵と力を合わせて造り、運営すれば、自然と学校への愛着も湧く。だから、何か問題が起きたときも、なんとかしてそれを解決しようという気になる。そこが外国からポンと与えられただけの学校とはぜんぜん違う。

また、アフリカの貧しい農村では、子どもも大事な働き手だ。親が教育の大切さをわかっていたとしても、遠くの学校に通わせるよりは、家で農作業を手伝ってほしいと考えるケースは少なくない。

しかし、たとえ小さくても、歩いて数分のところに自分たちの学校があれば、学校に行く前や、学校から帰ってきたあとに家の仕事を手伝ってもらうことができる。

そうなれば、以前は子どもを学校に行かせるよりも働かせたほうがいいと考えていた親も、子どもを学校に行かせるようになる。実際、「みんなの学校プロジェクト」が進んだ地域では、学校に行く子どもの割合が飛躍的に伸びた。

もういちど考えてみよう。

「発展する」って、なんだろう?

「豊かさ」って、なんだろう?

それを実現するために大切なことって、なんだろう?

ウェブサイトで調べてみよう

●JICA

「みんなの学校」で検索するとプロジェクトの詳細がわかる。
https://www.jica.go.jp/

こんな本を読んでみよう

●『南国港町おばちゃん信金
――「支援」って何？"おまけ組"共生コミュニティの創り方』

（原康子、新評論）

第2章

〝ともに生きる〟って、なんだ？

5 ブラジルから来た転校生のエレナに校則違反だからと耳のピアスを外させるべきか？

きみが通っている学校のクラスに、外国人の子はいる？

いまのクラスにいなくても、去年までのクラスにはいたとか、隣のクラスにいるという人は多いんじゃないかな。

え？　自分がそうだって？　あ、そうだよね。この本を手にした人の中にそういう人がいても、ぜんぜん不思議はないよね。いまの日本にはいろんなルーツを持つ人たちが一緒に暮らしているからね。

さて、きみが「外国人」でも「日本人」でも、あるいは、どっちなのか決められないという人でもかまわない。あるとき、きみのクラスに外国から転校生が来た

5 ブラジルから来た転校生のエレナに校則違反だからと耳のピアスを外させるべきか？

――と思って、ここから先の話を読んでほしい。

彼女の名前は、エレナ。両親の仕事の都合で、ブラジルからやってきた。日本語はまだあまりうまく話せない。

エレナがはじめて来た日の昼休み、きみの隣の席に座っているミキが、はっとした様子で、「ちょっと、ちょっと」と、きみの腕をつついた。

「ねえ、見て、あの子。耳にピアスつけてるんじゃない？　まずいよ。私、言ってくる」

「え？」

「校則で禁止されてるんだから。教えてあげないと」

「えっ、いきなり？」

積極的でものおじしない性格のミキは、すぐにエレナのところに行って

「ねえ、エレナ。それ、外したほうがいいよ。ピアス」と言った。

「？」

エレナが首をかしげたので、こんどは、ジェスチャーも交えながらゆっくり言った。

「この学校では、ピアスや指輪をつけてはいけないというルールがあります。だから、ピアスを外してください」

すると、エレナは、

「いやです。私はピアスをつけます」と言った。

ミキは「えっ」と、ちょっと驚いて、隣にいたきみに、「ちょっと。黙って見てないで、あんたも言ってよ」と言った。

「えっ、そう言われても……」

「あたし、前にピアスつけて学校に来たとき、先生にめっちゃ怒られたんだから」

「えっ、そうだったの」

「そうだよ！」

こういう状況になったとき、きみならどうする？　みんなで話してみよう。

5 ブラジルから来た転校生のエレナに校則違反だからと耳のピアスを外させるべきか？

みんなの意見

校則は守らないと。外すしかないでしょ。外国人だからって特別扱いしたら、不公平だし

そうだね。守る人と守らない人がいたら、なんのための校則か、わからなくなる

でも、エレナはすごくいやがってるし、彼女を納得させるのは、けっこう難しいかもなぁ……

エレナに改めて聞いてみると――

・ブラジルでは、女の子はみんなピアスをつけている。
・女の子が生まれたとき、その子が元気に幸せに生きるようにという願いを込めて、母親からピアスが贈られる。ピアスは母の愛の象徴。
・赤ちゃんのときからずっとピアスをつけているので、ピアスを外すことなど考えられない。

と言う。

話し合いは、さらに続く。

ルールを守ることは大事かもしれないけど、いまの時代、外国から来た生徒も増えてるし、日本の常識を押し付けるような校則は見直してもいいいんじゃない？

そもそも、なんで学校にピアスを付けて来ちゃいけないの？

うーん。勉強の邪魔になるから？　学校は、おしゃれを見せ合うところじゃなくて、勉強するためのところだから、かなぁ？

ブラジルでは、ぜんぜん問題にならないことが、日本の学校では、どうしていけないの？

文化が違うから？

文化って、なに？

そこに住んでいる人が慣れているやり方？　そのほうがいいとか、快適だと感じること？

文化って、絶対に変えてはいけないもの？　時代の変化とともに文化も変わっていくっていうこともあるんじゃない？

でも、それを不快に思う人がいるなら、やめるべきじゃない？

校則とか社会のルールって、何のためにあるの？

みんなが安心して、気持ちよく過ごすため、かなあ

そのうち、こんな意見も出てきた。

あたし、ルールって、2種類あるような気がするんだよね。ひとつは、それを守らないと全員が困ってしまうもの、もうひとつは、そっちのほうが普通だからとか、どちらかというとそのほうがいい、みたいな感じで決まっていること

なに、それ？

たとえば、日本では車は左側通行とか、信号は青が進めで赤が止まれっていうのは、全員が必ず守らないといけないルールでしょ。そうじゃないと危ないし、みんなが困るから。でも、ピアスをつけちゃいけないっていうルールは、そういうのとはちょっと違うような気がするんだよね。ピアスをつけていいかどうかっていうのは、価値観が関係しているような気がする。だから、人によってとらえ方

が違うというか……

校則ってさ、いつ、だれが作ったか知らないけど、たとえば、この学校が50年くらい前にできたとして、校則が作られたのは、それと同じか、それよりあとでしょ。つまり、校則の歴史って、数十年だよね。でも、生まれて来た赤ちゃんにピアスをつけるというブラジルの習慣は、何百年も前からあったとしたら、歴史の重みが違う気がする。最近作ったルールで、何百年も続いてきた伝統を否定するのは、無理だと思う

ルールとは何か。文化とは何か。難しいね。

文化の違いという点では、外国人旅行客の「タトゥー」が問題になることがある。日本では昔からヤクザが腕や背中に刺青(タトゥー)を入れることが多かったため、温泉旅館や公衆浴場には暴力団関係者を入れないように、「刺青お断り」という貼り紙がしてあることがある。

しかし、外国では、男性も女性も、おしゃれのひとつとして肌にタトゥーを入れることがめずらしくない。きみも、外国のスポーツ選手などがタトゥーを入れているのを見たことがあるんじゃないだろうか。タトゥーは、その人にとって大事なもののシンボル、誇りであったりもする。

また、ニュージーランドのマオリの人が顔などにタトゥーを入れるように、民族のアイデンティティとしての意味を持つ場合もある。

そうした人たちが観光客として日本に来て、日本の文化を楽しみたいと温泉旅館に泊まることがあるかもしれない。もしもきみが温泉旅館の経営者で、浴室の入口に「刺青お断り」の紙が貼ってあるにもかかわらず、タトゥーのある外国人が浴室に入ろうとしているのを見かけたら、きみはどうするだろうか?

ルールとして決まっているからダメだと言うか。それとも、外国人の場合は例外としてＯＫとするか。それとも、見て見ぬふりをするか……。

ルールか、文化か、人の感情か。何を尊重すればいいのだろう？

人は、自分の知らないもの、慣れないものに対して、反射的に拒否反応を示す。それは、ある意味、動物として自分の身を守るための本能からきているのかもしれない。でも、人間は、それを「知る」こと、「理解する」ことによって、違いを乗り越えていくことができるはずだ。

きみもそういう経験がないだろうか？　はじめはびっくりしたけど、そのうちに慣れてぜんぜん気にならなくなったってこと。

自分の気持ちの中に何らかの拒否反応が生まれたとき、まずは、その気持ちがどこからきているか、自分自身に問いかけてちゃんと見きわめることが必要だ。

地域のルールが守られるように

日本に多くの外国人が暮らすようになって、しばしば耳にするのが、「外国人は、ゴミ出しのルールを守らない」「外国人は、アパートで夜遅くまで騒ぐ」「料理のにおいがきつい」といった苦情だ。

これについて、きみはどう思う?

「燃やすゴミは○曜日、資源ゴミは○曜日」といったルールを守らない人がいると、ゴミの集積所がカラスに荒らされたり、臭ったりして、近所の人が迷惑する。ということは、これは個人の志向の問題ではなく、全員が守るべきルールだと言えるだろう。

では、アパートで夜遅くまで騒ぐとか、料理のにおいがきついというのは?

たしかに、それを迷惑だと感じる人はいるだろうけど、「うるさい」と感じるレベルは人によって違うし、「料理に外国のスパイスを使ってはならない」という法律などはないから、こちらは、文化の違いから生じる問題という側面が強そうだ。

決まったルールがある場合は、そのルールが必要な理由を相手に説明して、そのルールを守ってもらう必要がある。野球やサッカーも、ルールを守らないと試合が成立しないのと同じだ。

でも、文化や感覚の違いについては、一方が他方に説明しても、なかなか分かってもらえないことが多い。どうすればいいのだろう? きみはどう思う?

もっと知るために、考えるために

こんな本を読んでみよう

●『まんが クラスメイトは外国人』

(「外国につながる子どもたちの物語」編集委員会、明石書店)

●『6ヵ国転校生 ナージャの発見』

(キリーロバ・ナージャ、集英社インターナショナル)

ウェブサイトで調べてみよう

●全国校則一覧

学校の校則のあり方に疑問をもった高校生が、全国の高校の校則を調べて立ち上げたウェブサイト。
https://www.kousoku.org/

災害にあった外国人のために避難所の貼り紙をどう書き直すか？

大地震や大雨、火山の噴火など、大規模な災害が起きたとき、家の近くにある公民館や学校の体育館などに避難することがある。もしかしたら、この本を手にしている人の中にも、そういう経験をしたことのある人がいるかもしれないね。

避難所にはいろんな人が来る。赤ちゃんを抱いたお母さん、杖をついたおばあちゃん、目の見えないおじいさん、耳の聞こえないお姉さん、車イスのお兄さん、ペットの犬を連れた人……。

そして、日本人ばかりとは限らない。もしかしたら外国人も来るかもしれない。中には、日本に来てからまだ日が浅く、日本語の読み書きが難しい人もいるかもしれない。

左の写真は、２０１１年に東日本大震災が起きたとき、被災地の避難所で見た貼り紙だ。

どういう意味かわかるかな？

・被災者のために自衛隊が仮設のお風呂を設けている。
・お風呂は毎週火曜日に入ることができる。
・避難所になっている〇△□小学校からお風呂まで、決まった時間に送迎バスが往復する。
・バスには一度に30人くらい乗ることができる。

――ということだね。

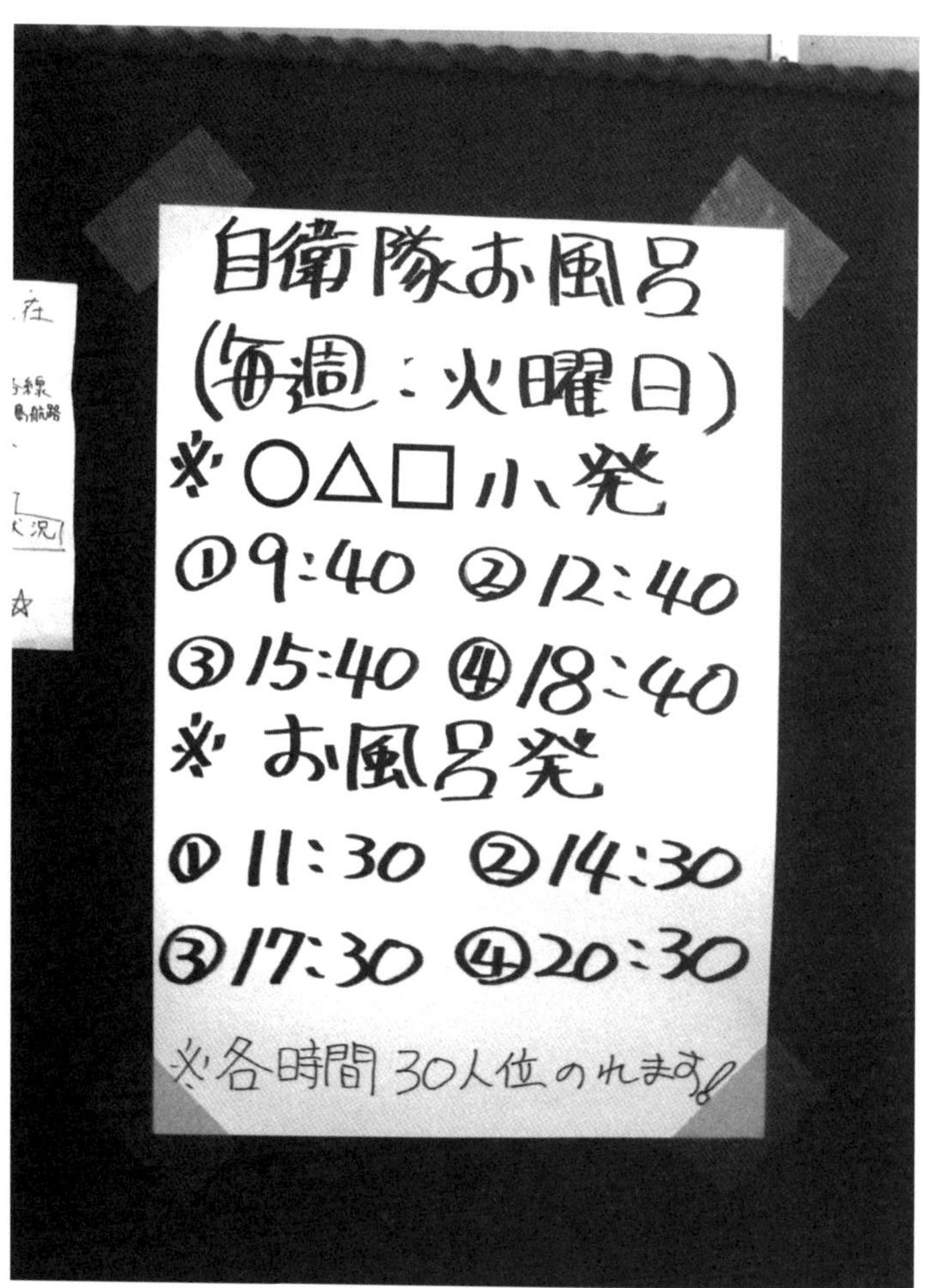
自衛隊お風呂
(毎週：火曜日)
※○△□小発
①9:40 ②12:40
③15:40 ④18:40
※お風呂発
①11:30 ②14:30
③17:30 ④20:30
※各時間30人位のれます！

でも、もしもこの避難所に外国人がいたら……。これを見ても意味が分からないかもしれない。

もしもきみがこの避難所にいて、誰かからこの貼り紙を外国人にもわかりやすいものに書き直してほしいと言われたら、どうする？

英語で書く？

いやいや。外国人だからといって英語を話すとは限らないよ。中国人とかタイ人とかベトナム人とか……。どこの国の人がいるかわからない。日本に住んでいて、ある程度、日本語を勉強したことがある人なら、英語よりも簡単な日本語のほうがいいという人も少なくない。漢字だって、ふりがながあれば読める。

だから、もしもきみが英語が苦手でも大丈夫。紙とペンを出して、新しい貼り紙を作ってみよう。

さあ、どんなものができるかな？

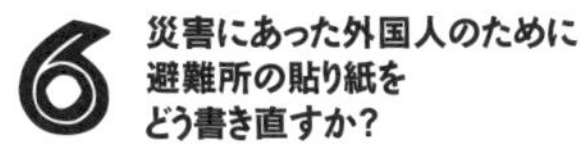

いろいろなアイデア

漢字にふりがなを付ける

外国人が日本語を勉強するときは、まず「ひらがな」を習うから、漢字にふりがなを付けるのを忘れちゃいけないね。

でも、ふりがなが付いていれば、ぜんぶわかるかというと、そうはいかない。

「風呂(ふろ)」はわかったとしても、「発(はっ)」の意味が分からないかもしれないし、「自衛隊(じえいたい)」も知らないかも

自衛隊お風呂
(毎週：火曜日)
※○△□小発
①9:40 ②12:40
③15:40 ④18:40
※お風呂発
①11:30 ②14:30
③17:30 ④20:30
※各時間30人位のれます!

しれない。「各時間（かくじかん）」という言い方も難しいかもしれないね。

ぜんぶひらがなにする

なるほど。漢字にふりがなを付けるよりも、はじめからぜんぶひらがなで書けばいいじゃないかという発想だね。

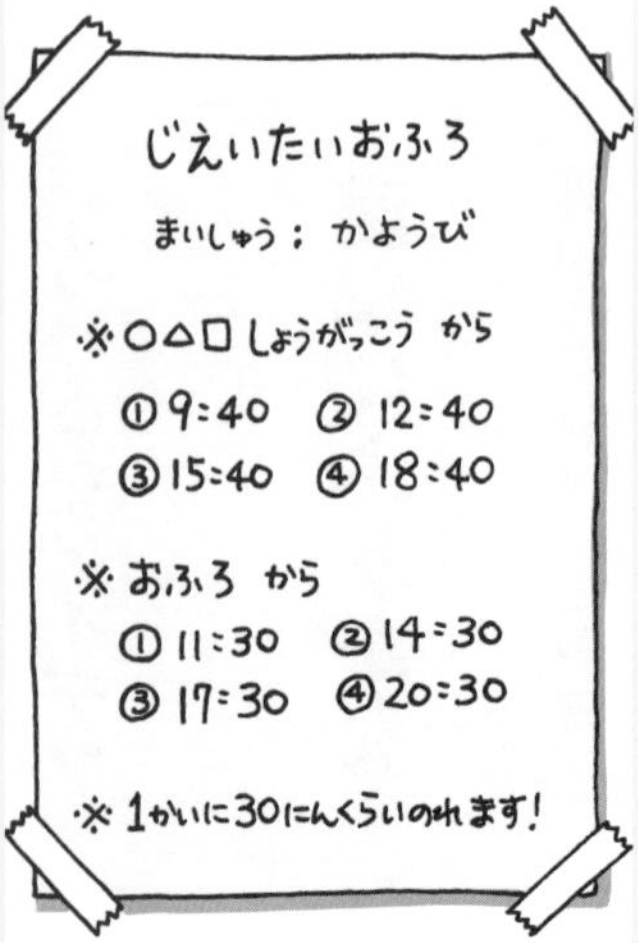

しかし、漢字を残しておいたほうがいいこともあるんだ。なぜだかわかる？ 中国のような漢字文化圏で育った人は、漢字を見たら、だいたいどんなことが書いてあるか想像できるから。

また、今後も日本で生活していく人には、大事なことばは漢字で覚えてもらったほうがいいという一面もある。たとえば、「非常口」という漢字は難しいけれど、この漢字の形と意味を覚えてしまえば、映画館やホテルで非常口の案内表示を見たときにすぐにわかる。これを「ひじょうぐち」とひらがなで覚えていたら、いざというとき、漢字を見ても分からず、困ってしまうかもしれない。

イラストを描く

学校とお風呂の間をバスが行ったり来たりする様子を絵で表したんだね。すごくいいね。ことばが分からなくても、絵なら伝わりやすいよね。バスが出る時刻と矢印を組み合わせた工夫もいいね。

「自衛隊」を省いたのも、わるくないと思う。ここでは、誰がお風呂を設営したかは、

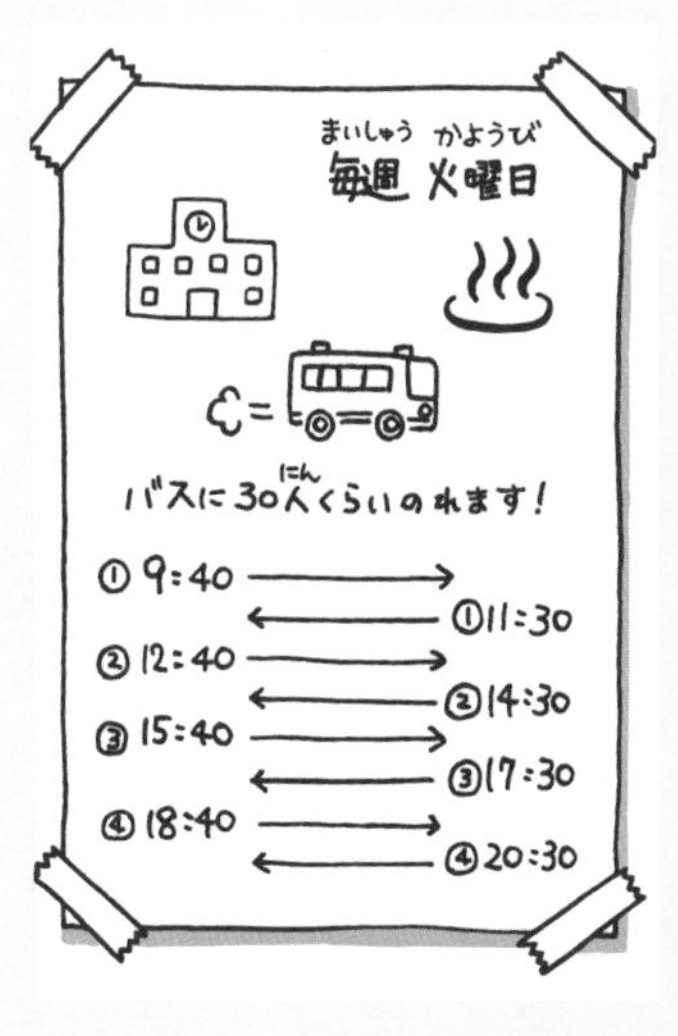

なくても困らない情報だからね。余分な情報があると、本当に大事なことを理解するのに時間がかかるから、思い切ってシンプルなものにすることも大事だ。

ちなみに、お風呂の絵は——温泉マーク？

うーん。それではわからないかもしれない。

日本人にとってはお馴染みのマークだけれど、これがお風呂を表しているということを知らない外国人が見ると、多くの人がスープとかラーメンのような温かい食べ物を連想するらしい。

実は、それが問題になって、外国人観光客にもわかりやすい温泉マークを作ろうという話が出たことがあるんだ。そして、できたマークが、これ。温泉に人が入っている様子を表している。

ところが、これ、あまり評判がよくなかった。入っている人が「釜茹(かまゆ)での刑」になっているみた

いで恐いとか、やっぱり昔からの温泉マークのほうが〝風情〟があっていいとか。結局、あまり使われていないようだ。絵で表すのも、なかなか難しいね。

じゃあ、この避難所の貼り紙の「お風呂」をどう表すか？　国によっては、湯船につからずシャワーだけで済ませる人もいるかもしれないし、人前で裸になることに強い抵抗を感じる人もいるかもしれない。いっそのこと、「こんな場所ですよ」と、一目見てわかるように、お風呂の写真を撮って貼りつけるとか？

あるいは、パソコンの得意な人なら、お風呂の写真の載った簡単なホームページを作って、そのアドレスを示すＱＲコードをポスターに入れることもできるかもしれない。そうすれば、スマホでその写真を見ることができる。

こういうとき、「これが正解！」というのは、残念ながら、ない。だけど、もしも本当にそういう場面に出くわしたら、そうも言っていられない。緊急時の避難所では迅速さも求められる。きみの頭の柔らかさが試されることになる。その場でできるいちばんいい方法を見つけてほしい。

その場合、ひとりで考えるのではなく、その場にいる他の人たちからもアイデアを出してもらうのも大事なことだ。さらに言えば、「当事者」である外国人にも協力してもらい、どんな表現なら伝わりやすいか、一緒に考えてもらうといい。

避難所で一緒になった外国人と日本人が、お互いの事情を理解して、うまくやっていくためには、壁に貼り紙を掲示して知らせるだけではなく、言葉と文化の違いを超えて力を合わせ、災害時の困難を一緒に乗り越えていこうとする気持ちが、本当はいちばん大事なのかもしれない。

「やさしい日本語」って、なに？

ある程度、日本語を勉強したことのある外国人に情報を伝える場合、英語よりも日本語のほうがいいことが少なくない。

そこで注目されるようになったのが「やさしい日本語」だ。「やさしい」には、「易しい」(簡単な)と「やさしい」(親切な)のふたつの意味が込められている。

「やさしい日本語」は、高齢者や障害者にとっても「やさしい」ことばだ。最近は役所の窓口でも「やさしい日本語」が意識して使われるようになってきている。元々、役所で使う言葉には難しい法律用語が多く、日本人でも意味がよくわからないことがあるけれど、それを上手に「やさしい日本語」に置き換えることができれば、窓口でのやりとりもスムーズになる。

きみも、「この言い方、ちょっと難しいかもしれないな」「こういう言い方では、伝わりにくいかもしれないな」と思ったときに、それをサッと「やさしい日本語」に言い換えるセンスを磨こう。

「ピクトグラム」って、すごい！

ところで、このマークは誰でも知っているよね。

男女のシルエットでトイレを表すこのマークは世界中で使われているけれど、これがいつ、どこで作られたか、聞いたことがあるかい？　実はこのマーク、日本で生まれたんだ。1964年の東京オリンピック、世界中から外国人が来たときに、漢字で「便所」とか「男子」「女子」と書いてあってもわからないだろうと、日本の有名デザイナーがアイデアを出し合って、このマークが生まれた。

こんなふうに、単純化した簡単な絵や図形を使って情報や指示を伝えるものを「ピクトグラム」と呼ぶ。

こちらは、京都の観光地、祇園で見つけた看板だ。何を表しているかわかるかな？

上の段は左から「舞妓さんに触ってはダメ」「柵にもたれたり座り込んだりしないで」、下段は「歩きながらの喫煙はダメ」「食べ歩き禁止」「ゴミを捨てないで」「自撮り棒禁止」という意味だね。

京都には世界中からおおぜいの観光客が来る。その人たちに向けて、同じ内容をそれぞれの言語で伝えようとしたら、ものすごく大きな看板を作らないと書ききれない。でも、ピクトグラムなら、相手の言語に関係なく、小さな看板ひとつで伝えることができる。

「やさしい日本語」に手書きのイラストや自分で

考えたピクトグラムを添えると、もっとやさしく伝えることができそうだね。

「自動翻訳」を使ってみよう

きみは、自動翻訳機やスマホの自動翻訳アプリを使ったことはあるかい？　もしかしたら、英会話の練習のために使ったことがあるという人もいるかもしれないね。

自動翻訳を使えば、わざわざ「やさしい日本語」にしなくてもいいじゃないかと言う人もいるかもしれない。それはたしかに一理ある。最近の自動翻訳はどんどん精度が上がっているし、英語だけでなく、世界の何十カ国もの言語に対応しているから。避難所の貼り紙のようなものも、スマホのカメラでカシャッと写すだけで、瞬時に日本語に翻訳される。

ただ、どんなに正確に翻訳できるようになったといっても、まだ１００％ではない。元の日本語が分かりにくければ、ＡＩが作る外国語の文章もおかしくなることがある。とくに人の命や安全にかかわるような大事な事柄は、自動翻訳に頼りきると危険だ。

では、どうすればいいか。

自動翻訳の特性を知った上で、上手に使いこなすことが大事だ。翻訳機に向かって「やさしい日本語」で話せば、翻訳の精度が上がることもある。

いずれにしても、そのとき、その場で、ベストなコミュニケーションの方法を見つけられるかどうかは、きみのセンスにかかっている。それもひとつの「国際感覚」なんだ。

もっと知るために、考えるために

こんな本を読んでみよう

●『(増補版)入門・やさしい日本語
――外国人と日本語で話そう』

(吉開 章 著、アスク出版)

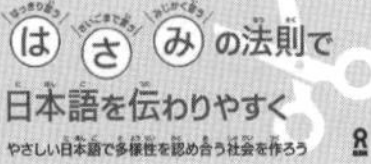

ウェブサイトで調べてみよう

●NHK「やさしい日本語で書いたニュース」

https://www3.nhk.or.jp/news/easy/

7 フィリピンから来た小学生の愛子さんをきみはどうやって助けるか？

外国ルーツの子のことを、こんどは、学校の先生の立場から考えてみよう。

きみは、ひまわり小学校の先生で、4年1組の担任だ（と思ってね）。きみのクラスには、ちょっと気になる女の子がいる。

彼女の名前は、山本愛子さん。彼女はいま、4年生なのだが、漢字は2年生のレベル。ひらがなはだいたい書けるけれど、カタカナはあやふやだ。日本語の会話も、ことばをポツリポツリと並べるだけで、作文も苦手。宿題もほとんどやってこないし、持ち物や提出物の忘れ物も多い。

このままでは、愛子さんは高学年になってもカタカナも漢字も充分に読み書きができず、勉強もどんどん遅れてしまうだろう。

以前、彼女が宿題をやってこなかったときに、きみは一度、大きな声で厳しく叱ったことがあったのだが、そのとき、愛子さんは、「いやだあー！」と大声で叫びながら机をひっくり返したりして、激しく暴れた。

落ち着いてから話を聞こうとしたのだが、愛子さんは「わからない」とくりかえすばかりで、それ以上、気持ちを話してくれなかった。

愛子さんのお母さんは外国人らしいが、まだ一度も会ったことがない。

困ったきみは、愛子さんに関わるいろいろな人に話を聞いてみることにした。

まず、彼女が放課後に通っている「こども日本語・学習支援教室」という地域のボランティアの人たちがやっている教室に行ってみると……。

7 フィリピンから来た小学生の愛子さんをきみはどうやって助けるか？

フィリピンに留学した経験のある大学生のボランティア 木村綾さん

愛子ちゃんは、フィリピンの話が大好きです。「先生、フィリピン好き?」「フィリピンの料理好き?」って聞いてきて、「アドボとかピナクベットがおいしいよ」と言うと、すごくうれしそうで、何度も何度も同じ質問をします。

愛子ちゃんは日本生まれで、フィリピンには小さい頃に一度行っただけで、あまりよく覚えていないようですが、夏休みにはフィリピンに行きたいって言ってました。

愛子ちゃんは、漢字をじぃーっと見て覚えようとします。「書いて練習してごらん」と言っても、「めんどくさい」って。何度も書いて覚えるという習慣がないようで、4年生になってからそれを身につけるのは難しいなと感じます。

愛子ちゃんはすぐ、「わたしバカだから」って言うんです。「みんなはわかってるのに、なんで自分だけわからないんだろう」って、自分にイライラするみたいです。この教室でも、わからないことが続くとパニックみたいになります。学校や家ではおとなしくしているらしいので、放課後、ここでもわからないことが続くと、彼女の限界を超えてしまうんじゃないかと思います。

「こども日本語・学習支援教室」のコーディネーター 田中治子(はるこ)さん（元・小学校教員、50歳）

愛子ちゃんは、3年生の2学期から、この教室に来ています。
最初の頃は、「これやる」と、学校のドリルなどを持って来て、「丸つけて」って得意顔で言っていたんですが、でも、彼女がわからないところをやろうとすると嫌がって、無理にやらせようとするとパニックになって、「いやだー、いやだー」って泣きわめいて暴れたりして……。わからないことはやりたくないみたいで、どうしたものかと頭を悩ませています。

この間、また急にパニックになって、「わからない言葉、言わないで！」って。私もびっくりしたんですけど、どうやら「ひとつ」「ふたつ」の意味が分からなかったようです。「1個」「2個」はわかるんですけど。愛子ちゃんは、お母さんが外国の方だから、そういうことばを聞いたり使ったりすることが少なかったのかもしれませんね。

彼女は普通の会話はできるから、実はこういう基本的な日本語が抜けているって、まわりの人は気がつかないかもしれません。学校の先生にも伝えたほうがいいのかしら、と思っていたところなんです。

学校の同じクラスの子のお母さんからは、こんな話を聞いた。

愛子さんの友達のお母さん　鈴木佳代子さん

愛子ちゃんのお母さんは外国の方でしょう？　1年生の時、遠足にランドセルで来ちゃって、先生に「お母さん、外国人だもんね。しょうがないね」と言われて、愛子ちゃんがしょんぼりしていたって、うちの娘が話していたのを覚えています。愛子ちゃんが風邪でお休みした時も、お母さんは学校に連絡していなかったみたいで。

そういうことも教えてあげたほうがいいのかしら？　と思ったんだけど、私は英語とかできないし、よけいなお世話かしら、とも思ったり……。お父さんは日本の方のようですしねえ。

こないだ、うちの近くで愛子ちゃんに会ったので、「今日の宿題は終わったの？」と聞いたら、やってないって言うから、「お母さんに叱られるぞ～」って冗談で言ったら、「お母さんはわからないから、だいじょうぶなの」って。びっくりしました。

でも、愛子ちゃんママは、とても明るい方ですよね。たまに会って「愛子ちゃん最近どう?」って聞くと、いつも「ダイジョウブヨ~!」ってすごく明るくて。だからいろいろ気にはなるんだけど、そこまで親しいわけでもないし、言葉もね……。

その後、愛子さんの両親にも話を聞くことができた。

愛子さんの父親　山本芳蔵（よしぞう）さん（52歳）

愛子の学校のことは家内にまかせています。私も仕事が忙しいですし、そういうことは母親がやるでしょ、普通。愛子も私には学校のことはあまり話しませんし。

でも、その母親がちょっとだらしなくてね……。日本語も全然覚えないし。差別するつもりはないけど、フィリピン人はのんびりしているというか、なまけものが多いというか。俺から見ると、ちょっと努力が足りないんじゃないかって思う時があるよね。

愛子が忘れ物が多いのも、あれがだらしないからですよ。そういうところは、しっかりしてもらわないと困りますよね。また厳しく言っておきますよ。

愛子さんの母親　山本マリルーさん（フィリピン人、35歳）

アイコは、学校には友達がたくさんいて、楽しいと言っています。

私はひらがなしか読めないですが、アイコはむずかしい漢字や言葉をたくさん知っています。私の代わりに学校の手紙も読んでくれます。家の手伝いや、妹のめんどうもとてもよく見てくれて、私はアイコを誇りに思っています。

でも、前に先生から「宿題が出てない」と言われて……。ときどき「宿題やったの？」って聞くんですが、いつも「もう終わった」と言います。私は、どんな宿題が出たのかもわからないし、アイコを信じるしかないです。アイコに勉強のことを聞かれても、私は教えられないし……。

夫にアイコのことで相談すると、おまえがしっかりしろって言われます。アイコはこれからも日本に住むんだから日本語で育てるようにと夫に言われますが、私は日本語があまりわからないし、本当に困っています。日本語教室にも行きましたけれど、子どもたちが熱を出したり風邪をひいたりで、ぜんぜん勉強できなくて、やめました。

あと、もう一人、フィリピン出身で、通訳のボランティアをしている女性にも話を聞いてみた。

通訳ボランティア
渡辺マリーナさん（38歳、子どもはひまわり小学校を卒業）

山本さんのことは、私もうわさで聞いて、ちょっと心配していたんですけど……。

フィリピン人のお母さんたちは、本当に大変なんですよ。日本の小学校は、親がやることがすごく多いですね。フィリピンでは、学校のことは先生の責任、家のことは親の責任。だから、学校から親宛てのお便りとか連絡帳はないし、学校の準備は子どもが一人でやります。忘れ物をしても、先生が貸してくれます。日本の学校は、「体操着」とか「上履き」とか「給食袋」とか、フィリピンにはない物が多いです。フィリピン人の親は日本の学校のことがよくわからないです。

小学校は宿題も多くて、私もびっくりしましたよ。フィリピンでは、放課後や夏休みは家のお手伝いをしたり、友達や兄弟と遊ぶ時間です。

山本さんも苦労しているんじゃないかと思いますが、フィリピン人にもいろいろな人がいるんです。出身地ごとに言葉も文化も違います。それに、私みたいにマニラの日系企業で夫と知り合って結婚した人と、日本に出稼ぎに来て日本人と結婚した人は、社会階層も違うというか……。私は同じフィリピン人どうし区別なくお付き合いしたいと思うんですけど、悩みとか困ったことがあっても、私には相談してこないんですよね。

でも、私にできることがあれば、通訳でも翻訳でも、なんでも言ってください。私も学校のことでは苦労したので、フィリピン人の若いお母さんたちを少しでも支えてあげたいと思っています。

さあ、どうだろう？　いろんな人の話を聞いて、愛子さんのことがわかってきたかな。

1　愛子さんはどんな子？

2　愛子さんは、どんな悩みや問題を抱えている？

みんなの意見

本当は明るくて、すごくいい子なんじゃないかな

うん。私もそう思う

フィリピンが好きなんだね。向こうの暮らしの方が合ってたのかも

日本語がわからないのが、すごくストレスになってる気がする

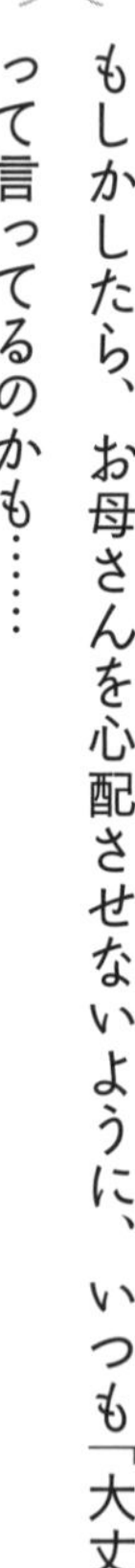

お母さんも、日本に来て苦労しているのを見てるから、子どもなりに気をつかっているのかもしれないね

愛子ちゃんやお母さんが、もっと日本語ができるようになれば、かなり違ってくると思う

でも、お父さんは、ちょっと問題じゃない？

うん。子育ては母親の役目って、感覚が古いよね

しかも、日本人じゃないんだから、たいへんなことをわかってあげないと、夫としてダメだよね

じゃあ、きみが愛子さんの担任の先生だったら、この状況を改善するために、

何をする？

やっぱり、ことばのサポートかなあ。愛子ちゃんがもっと日本語がわかるようになれば、状況はだいぶ良くなると思う

お母さんにも日本語を勉強してほしいよね

でも、愛子ちゃんは、放課後の学習教室に通って、日本語の勉強をしてるんだよね。それ以外に担任の先生にできることって、あるかなあ？

愛子ちゃんの学校での様子を〝やさしい日本語〟で書いて、お母さんに知らせるとか。週に1回でも先生から手紙が来れば、お母さん

も、もっと愛子ちゃんのことにうまく関われるようになるんじゃないかなあ

お母さんに日本人の友達ができるといいと思う。担任の先生が、保護者会のときに、愛子ちゃんのお母さんのことを紹介して、みんなでサポートできるようにすればいいんじゃないかな

お母さんが主役になるようなことがあるといいかも。フィリピン料理の料理教室を開くとか。学校の家庭科室を借りて

愛子ちゃんも、何か主役になれる場があって、日本語の勉強をもっとがんばろうって思えるといいよね

文化祭の劇で主役になるとか？

主役じゃなくてもいいけど、何か大事な役割があれば、がんばれると思う

お父さんのことは、なんとかならない？

お父さんは……難しいなあ。ああいう時代遅れの感覚って、なかなか変わらないよねぇ

うーん。お母さんが日本語ペラペラになって、自分の考えをしっかり伝えられるようになれば、お父さんも少しは変わるかな

愛子さんや愛子さんのお母さん、そして、お父さんのような人たちに必要なことって、何だろう?

愛子さんたちだけでなく、同じような立場にある人の〝困りごと〟を解決するには、どうすればいいのだろう?

日本で暮らす外国人は1980年代の後半から増えはじめ、1990年に100万人、2005年に200万人を超え、いまは350万人を超えている。全人口の約36人に1人が外国人だ。外国の出身であっても、日本の国籍をとった人や、両親のどちらかが日本人で日本国籍を選んだ人(愛子さんのような子は、その可能性がある)は、この数字には含まれないので、何らかの形で「外国にルーツのある人」をみんな合わせると、その数はずっと多くなる。きっと400万人を超えているだろう。

たがいに文化の違う人たちが同じ社会で〝ともに生きる〟ためには、何が必要

在留外国人（登録外国人）数の推移（毎年末現在）

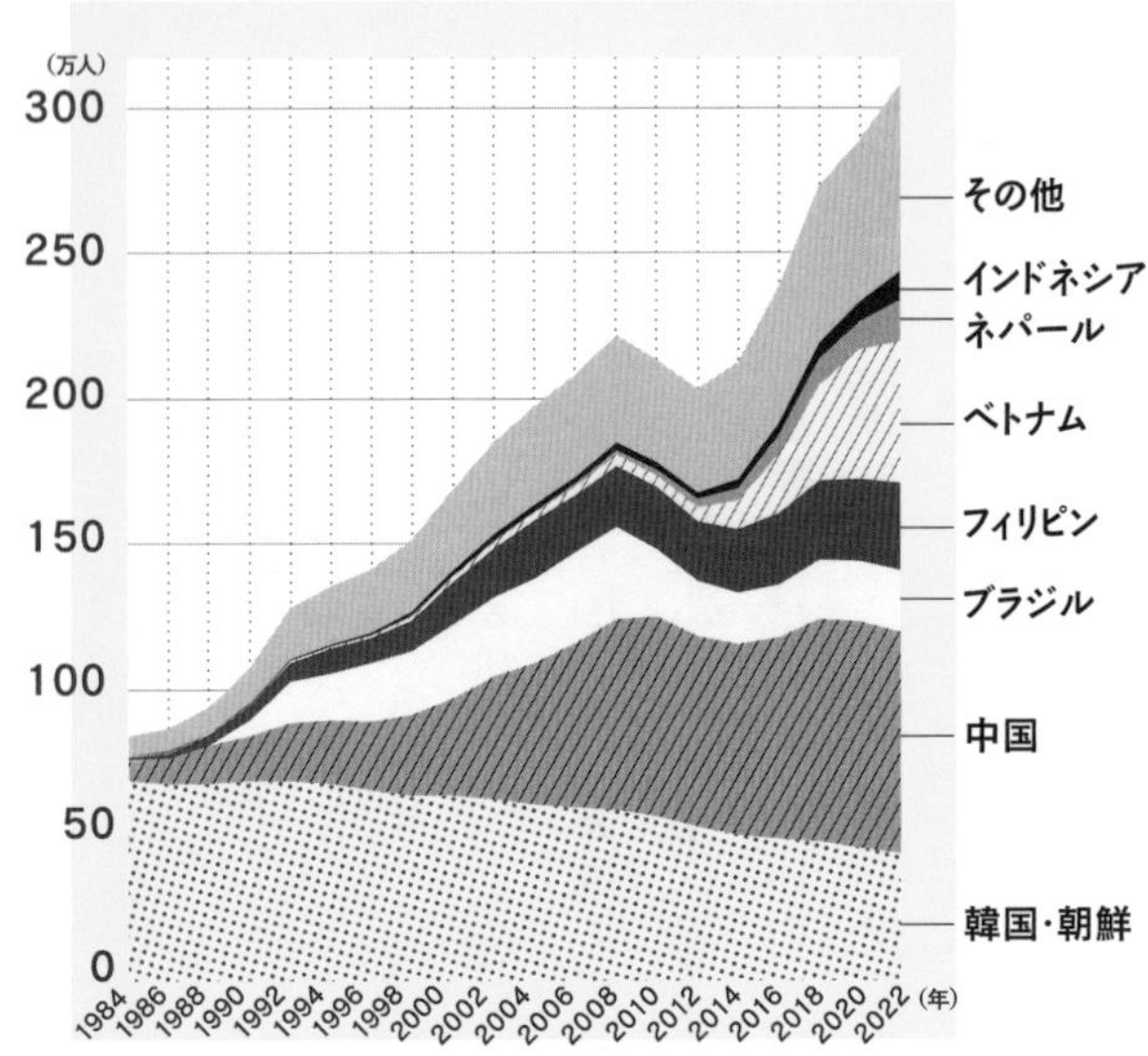

出典：出入国管理庁「在留外国人（旧登録外国人）統計表」をもとに作成

なのだろう。

左のページに、「多文化共生」の社会づくりのための取り組みとして9つの方法が記されている。

150ページの図を描いた紙を用意してこれらの取り組みの順位づけをしてみよう。いちばん必要なこと、最初にすべきことをいちばん上の○の中に記入し、次にすべきことを2段目に、そして、最も遅くて良いこと（あるいは最もすべきでないこと）が、いちばん下の○の中にくるように、A〜Iの記号で書き入れてほしい。個人で記入した後で、他の人と意見交換して結論を出してみよう。

A　いろいろな国のことばで対応できる「相談窓口」を作る
B　ことばや生活習慣の違いで困っている人を助けるボランティア活動をする
C　国際交流のイベントを開催する
D　テレビ、ラジオ、インターネットなどを利用し、いろいろな国のことばで情報を流す
E　学校や地域で「国際理解教育」に力を入れる
F　身近なところにいる国籍や文化の違う人と友達になる
G　外国人に対して差別的な行いをした人を罰する
H　外国人の参政権を認める
I　自分の文化に誇りを持ち、自分らしく、のびのびと生きる

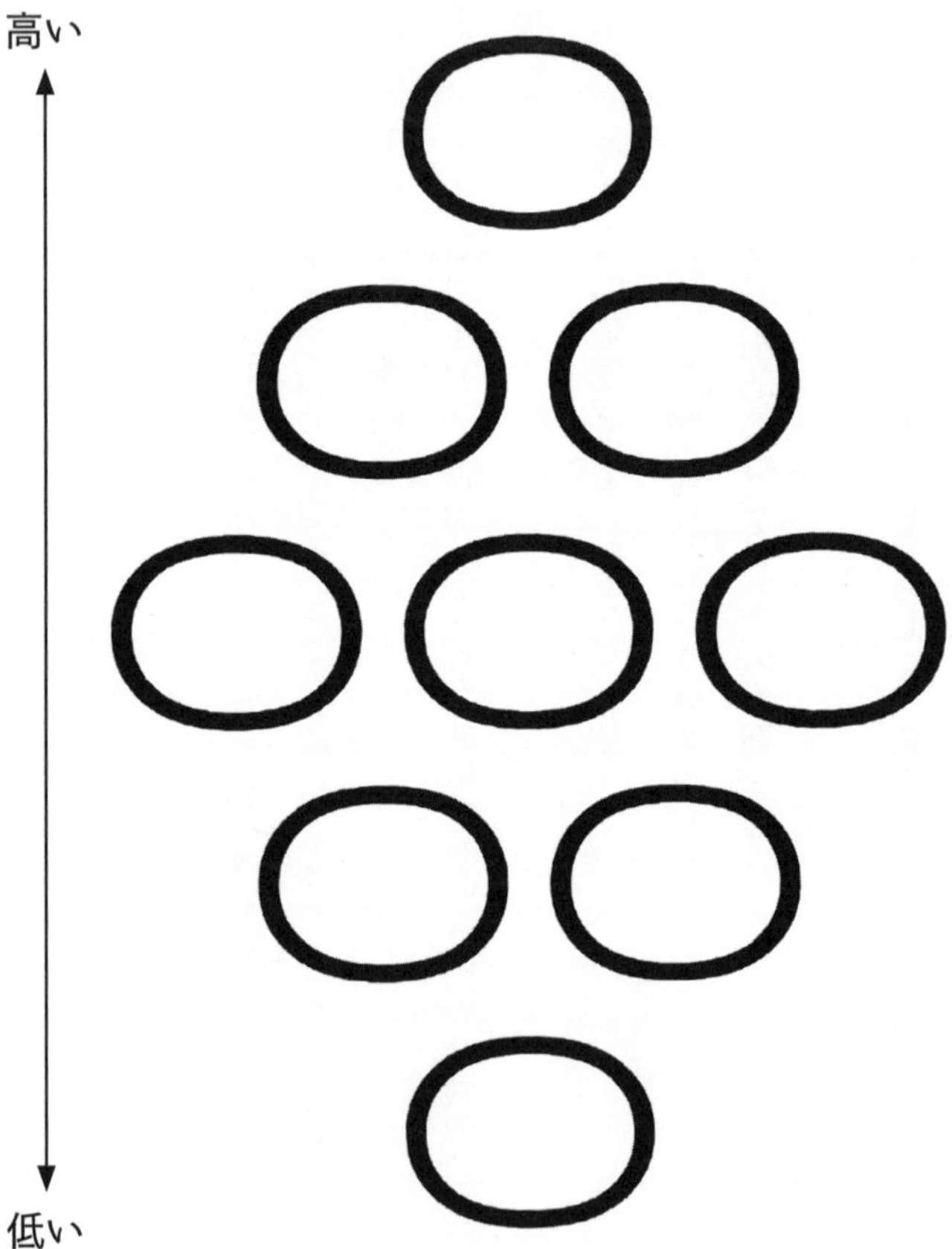
優先順位
高い
低い

参政権は……、やっぱり日本のことは、日本人が決めるべきだと思うし、優先順位としては低いかな

「自分らしく生きる」っていうのは、どう考えたらいいか、難しい。いちばん上のような気もするけど……

ーは、いちばん下でもいいんじゃないかな。大事なことではあるけれど、いろいろやった結果として、自分らしく生きられる社会になるんじゃないかと思う。だから、まずは、具体的なことをやらないと

いろんな意見が出たね。

ただ、参政権については、まず、国会議員を選ぶ国政選挙と、市長や町長、市議会議員、町議会議員などを選ぶ地方参政権を分けて考えたほうがいいと思う。

国政選挙はたしかに、日本の「国」のことを決める選挙だから、「国民」(日本国籍を持つ人)だけが立候補したり投票したりするべきだというのは一理ある。でも、日本のように地方参政権までも外国人にいっさい認めてない国というのは、世界でもめずらしいんだ。

そして、差別を罰することと、自分らしく生きることについては、以前、カナダから来た留学生がとても面白い意見を言ってくれたことがあるので紹介したい。

カナダは、いろいろな国から多くの移民、難民を受け入れている多民族社会だ。彼は、この9つの選択肢を見たとき、カナダの社会で考えたときと日本で考えたときとで答えが違ってくると言ったんだ。

カナダの社会を前提に考えた場合、いちばん上に来るのはGの「差別を罰する」だという。差別行為は「犯罪」だという認識を皆が持っていること、そういう目に遭ったとき、警察に訴えれば警察がその相手を「犯人」として捕まえてくれるという前提があるから、カナダでは他の国から来た移民も安心して暮らすことができるのだと彼は言う。

しかし、日本では、いちばん上にくるのはIだと彼は言う。日本は同調圧力が非常に強い社会なので、「自分はこうなんだ」というものをしっかり持っていないと、いつの間にか自分が消えてなくなってしまいそうで不安になると彼は言った。

このカナダの青年の意見、きみはどう思う？

もしかしたら、選択肢の中にはないけれど、大事なことは「対話」とか「協力」することなのかもしれない。一緒に知恵を出し合い解決方法を見つけること。相手を「論破」するための議論じゃなくて、力を合わせてより良い解決策を見つけるための話し合い。

世界各国の参政権

国	参政権			
		国政	地方	付与の要件など
スウェーデン	選挙権	×	○	3年以上の居住
	被選挙権	×	○	
デンマーク	選挙権	×	○	3年移住の居住
	被選挙権	×	○	
オランダ	選挙権	×	○	5年以上の居住
	被選挙権	×	○	
フランス	選挙権	×	△	EU市民にのみ
	被選挙権	×	△	
ドイツ	選挙権	×	△	郡･市町村の選挙のみEU市民に
	被選挙権	×	△	
英国	選挙権	△	△	地方選挙:EU市民 国政選挙:英連邦市民など
	被選挙権	△	△	
ニュージーランド	選挙権	○	○	1年以上居住している永住者
	被選挙権	×	×	
ロシア	選挙権	×	○	永住者
	被選挙権	×	○	
カナダ	選挙権	×	△	一部の州で一部の英連邦市民に
	被選挙権	×	×	
アメリカ	選挙権	×	△	一部の市で付与
	被選挙権	×	△	
韓国	選挙権	×	○	永住資格取得後3年以上
	被選挙権	×	×	
日本	選挙権	×	×	
	被選挙権	×	×	

○=付与　△=一部の人に付与または一部地方で付与　×=付与せず
国立国会図書館の資料をもとに作成　朝日新聞2010年1月27日朝刊「外国人参政権　沸く議論」より

そう。「多文化共生」って、困っている外国人を日本人が助けてあげること、じゃなくて、国籍や文化の違う人たちがていねいに対話を重ねる努力をしながら、力を合わせてより良い社会を作っていくことなんだと思う。だから、AからIの選択肢の「主語」は、いつも日本人だとは限らない。外国人が相談窓口を作ったり、外国人がイベントを企画したり、あるいは、外国人と日本人が一緒にそういうことをするのもＯＫだよね。

文化の違う人と同じ目標に向かって何かに取り組むのは、とても刺激的で面白いし、その目標を達成したときは本当に感動する。きみも、そんなチャンスがあれば、ぜひ参加してみてほしい。

もっと知るために、考えるために

こんな本を読んでみよう

●『国籍の?(ハテナ)がわかる本』

(木下理仁、太郎次郎社エディタス)

●『ふるさとって呼んでもいいですか
——6歳で「移民」になった私の物語』

(ナディ、大月書店)

●『ぼくはイエローでホワイトで
ちょっとブルー』

(ブレイディみかこ、新潮社)

●『日本に住んでる世界のひと』

(金井真紀、大和書房)

第3章

出会うことに意味がある

自分の「世界」が広がる出会いとは

ぼくらは、自分がはじめて会った人の印象を「○○さんみたいにやさしい人」だとか「お笑い芸人の○○○○みたいに面白い人」だとか、「典型的な○○○タイプだね」などと言うことがある。自分が知っている誰かと似ているところを見つけたり、あるカテゴリーに分類したりすることによって、その人のことを理解しようとしているわけだ（理解したつもりになっているだけかもしれないけれど）。

ところが、自分が知っているすべての人を思い浮かべてみても誰にも似ていない、はじめてのタイプの人と出会うと、「世の中には、こんな人もいるんだ！」と驚いたり、とまどったり、不安になったりする。

でも、そういう人と出会ったときにこそ、自分の「世界」は広がるんだと、ある人に教えられたことがある。はじめて会った人と話をして、あたらしいことを知ったり、何かに気づいたりすると、自分が成長したように感じるじゃないかと。

人との出会いは、自分のあたらしい可能性を拡げてくれる。

ときには恥をかいたり、腹が立ったり、くやしい思いをしたりすることもあるかもしれないけど、それも考え方しだいで、成長するためのひとつのステップになる。

だから、まずは、人と出会うだけでも意味がある。

ぼくは、もともと話し好きなほうではなく、とくに知らない人と話すのはおっくうで、苦手意識もある。家でひとりでパソコンに向かっているほうが気楽でいい。

それでも、思いきって出かけて、誰かと会って話をすると、たいてい、「会ってよかった」「話せてよかった」と感じる。そして、そのあと、自分が少し元気になっていることに気づく。出かける前は、あんなに面倒臭かったのに。

今回、「国際協力」や「多文化共生」の仕事や活動にかかわっている4人にインタビューをした。この本の原稿を見てもらいながら、国による文化の違いや国際協力、外国につながる子どもたちのことについて話を聞いてみた。

ルダシングワ真美さん、出口雅子さん、磯野昌子さんの3人は、ぼくの昔からの友人で、構えることなく、感じたことをそのまま言葉にしてくれた。

そしてもう一人、下里夢美さんとは最近、仕事を通じて知り合った。ぼくよりずっと若いけれど、国際協力の現場に関わり、新しい時代を切り拓いていこうとしている。彼女のことばには「未来」を感じる。

この本に出てくる「もしも自分が……」という問いについても、それぞれがどう考えるか聞いたので、きみの考えと比べてみてほしい。

ルワンダで義足を作る ルダシングワ真美（まみ）さん

ルダシングワ真美さんは、夫のガテラさんと共に「ムリンディ／ジャパン・ワンラブ・プロジェクト」というNGOを立ち上げ、アフリカのルワンダで義足を作っている（※）。

ルワンダでは、1994年、民族が違うという理由で、同じ国の者どうしが殺しあう大虐殺（ぎゃくさつ）が起き、100万人以上の人が命を落とした。そのとき、手や脚を斧（おの）で切り落とされたり、地雷を踏んで傷ついたりした人たちが大勢いた。

日本で義肢装具士（ぎしそうぐし）の修行をした真美さんは、そうした人たちに義足や義手、装具、車イスなどを無償で提供している。その経費をまかなうため、日本で募金活動を行うだけでなく、現地（ルワンダ）でレストランや宿泊施設を造って運営したこともある。

アフリカにいる彼女に、オンラインで話を聞いた。


文化の違いでとまどった、ルワンダ人ってなんでこうなんだろう？　みたいな話、ある？


いろいろありすぎて、何から話していいかわからない（笑）。たとえば「なぜ彼らは謝らない？」とかね。

以前、私たちがやってたレストランの従業員もそう。ガチャンと音がして、振り向くと皿が割れてる。そこにいるのはひとりだけ。「正直に言えば給料を引かない」と言ってるにも関わらず、自分がやったと認めない。謝らない。

よく言われるのは、そこで自分の非を認めてしまうと、それがずっと負い目になってしまうからってことなんだけど。

なぜなのかを私、30年くらい考えてるけど、いまだに答えが見つからない。日本で育つと、謝ったほうが楽だってこと、あるじゃない。とりあえず謝っておけばいいっていう安易な考えもよくないとは思うけど、謝ってくれればこっちも気が済むのにという場面で、彼らは絶対に「ごめんなさい」って言わないんだよね。

でも、何かの拍子に自分の荷物が人にぶつかっちゃって、「ごめんなさい」っていうのは言わない?

あ、そういうのは言うよ。でも、あきらかに自分がとがめられるような場合には、言わない。それをこっちが問うと、認めない。

そういうときには、どういう対応をするのがベストだと思う？

うーん。結局、私がそれを求めないのがいちばんいいのかな……。相手に謝罪とか期待しないほうがいいのかもしれない。そこで結局、生まれ育った環境の違いに行きつくんだよね。日本人は当たり前のように謝るけど、彼らにとっては当たり前じゃない。

ルワンダ人どうしだったら、そういうとき、どうする？

たぶん、私ほどイライラしないいんじゃないかと思う。向こうは、なんでそんなことにこだわるの？　って、不思議に思ってるのかもしれないね。

話をいきなり大きくしちゃうけど、ルワンダで大虐殺が起きたあとの和解に向け

て、自分がやったことを認める、認めない、というのは、どんなふうになってきたんだろう?

うーん、そこのところはね、相手を「赦(ゆる)す」ってことを言われるんだけど、すごく平たく言ってしまうと、そんなこと、あんまり考えてないんじゃないかという気がするんだよね。

たとえば、虐殺をやった人が村に戻ってくるというときに、もう、受け入れるしかないんだよ。赦す、赦さないは別として。他に行くところがなければ、その場所で受け入れるしかないっていう感覚なんじゃないかな。

外国向けには、「赦し、赦された」って言ったほうが聞こえはいいから、そう言ってるんじゃないかなって思うときはある。

あんまり深追いしないっていうのは、ある意味、生きる術(すべ)かもしれないよね。そこにこだわってるより、いま、これからのほうが大事なんだって。

うん。私はそっちに近いような気がする。とにかく共存しなくちゃいけないからね。

ただ、私は当事者になれるわけじゃないので、「そうだろう」と思うだけで、「そうだ」って言いきることはできないけど。

（夫の）ガテラを見ていて、自分と違うなと思うことある？

ガテラは人を切れない。たとえば、私たちのところで雇ってるルワンダ人の中に、手癖（てくせ）の悪い人がいたとき。普段は真面目に仕事をやってるんだけど、「ペンキを買ってきて」といってお金を渡したら、それを持ってどこか行っちゃう。ところが、何カ月かしてその人が戻ってきて、また働かせてほしいって言ったら、私は、そんなことした人は雇いたくないんだけど、ガテラはその人に仕事をあげるんだよね。

なんか、落語の世界みたいだね。与太郎ってのは、そういうやつなんだから、しようがねえじゃねえか、みたいな。ドジで間抜けで、しょうもないやつだけど、でも、なぜか憎めないという。世の中には、そういうやつもいるんだよ。まあ、大目に見てやれよ、って。

うん。そういうことだと思う。

それにガテラはわりとすっとお金を渡す。

たとえば、ルワンダで物乞いをしてる子どもがいたときに、私はお金を渡すことをすごく躊躇(ちゅうちょ)しちゃうんだよね。ここでお金を渡しても、ご飯を買うわけでもなく、シンナー代わりに吸うボンドを買うんじゃないかなとか思うから渡さないんだけど、ガテラは渡す。実際、ルワンダの街で見てると、そういう人たちにお金を渡すのは、圧倒的にルワンダ人。外国人は渡さない。日本人だけでなく欧米人もそう。

私たちは、へんな屁理屈つけちゃってるのかもね。ここでこのお金を渡したところで、また同じ生活に戻っちゃうだろうとか、ここで渡したら、子どもたちが自分で働いて稼ごうとしなくなるとか。

この本に載ってる、チョコレートをあげるか、あげないかという話（14ページ）は、どう思う？

ええーっと、本音で話してしまうとね、チョコをあげる、あげない、以前の問題じゃないかと思う。あげたいと思ったらあげればいいし、あげたくないと思えば、あげないでいいと私は思ってる。ここ（アフリカ）の人たちは子どもが働くってことを、必ずしも悪という感じにはとってないと思うんですよ。「働かざる者、食うべからず」っていうのが根本にあって。だから、家の仕事を手伝うというのは当たり前にあるので、働いてるからかわいそうっていう目で見ると、彼らは迷惑なんじゃないかと。子どももそんなにたいへんとは思ってないんじゃないかと私は思うんだよね。

だから、チョコをあげるとかあげないとかいう以前に、子どもが働いてるからかわいそうっていう意識が、なんか、私はむしろこっちの人たちをばかにしてるのかなっていう気がしちゃう。

うん。それは、わかる。けど、働いてるのが気の毒だからチョコレートをあげるというんじゃなくて、カカオの実を毎日採ってるにも関わらずチョコレートを食べたことがないなら、一度食べさせてあげたいって考えることについては、どう思う？

ああ、べつにそれはいいんじゃないかなって思うよ。どんなものか知るっていうか。

で、そのことによって、チョコレートを食べられる外国人と食べたことがない自分

たちとの、ものすごく大きな差にショックを受けるんじゃないかっていう気遣いについては、どう思う?

余計なお世話だと思う(笑)。

単純に、私は、あげる、あげないってことに躊躇する必要はないんじゃないかと思う。それを躊躇すること自体が、私はいやかな。

なるほど。相手を下に見ているというか、異質なものとして見ているような感じ?

そう、そう、そう、そう。「食べたことないだろう、かわいそうだな」とか。「自分たちは食べてるから恵まれてるな」って。

たとえば、きみ自身は、子どもにお駄賃(だちん)あげるようなことはある?

うん。たまにあるよ。

どういう接し方をする?

たとえば、ワンラブ・プロジェクトの場合、けっこう子どもを労働力として使ったことがあるんだけど。お金にしても何かにしても、ただあげることはあまりいいとは思わないので、「じゃあ、これをやってくれたら、これをあげるね」みたいな感じで渡す。たとえば、レンガを作ってもらったとき、「1個いくらね」って、大人と同じ報酬。

大人と同じ金額?

そうだね。作る数は違うかもしれないけど、出来上がったモノは同じだから。大人が20個作るところ、子どもは10個かもしれないけど。あとは、うちのレストランの宣伝をするときに、街でチラシを配って「ソーダ1本」とかね。だから、何かやってくれたことに対してのお小遣いみたいな感じ。

じゃあ、思いがけず誰かに親切にしてもらって、何かお礼をしたいなっていうときは、どうする？

何かあげる。

たとえば？

もちろん、「ありがとう」って、言葉でも伝えるけど、それプラス、何かあげる。食べものとか、自分が使ってないハンカチとか。「これ使って」って。

相手が子どもだったら、どんなものあげる？

子どもだったら、やっぱり、お菓子とか、ソーダとか。ただ、私、チョコレートあげるのは、やっぱり、躊躇するかもしれない。

それは？

やっぱ、高いからね。こっち（ルワンダ）に来てから、自分でもチョコレート我慢してるから。だから、それをあげることによって、また食べてみたいとか、買いたいんだけど買えないっていうような気持ちを持たせたくないので、もっと簡単に手に入る飴玉とか、そういうのにするかも。

ああ、そうなんだ。じゃあ、そこは、さっき言ってたのと、ズレがあるね。

うん。

高価なものだから、ためらうことはある？

そうかもしれない。

やっぱり、チョコレートって、彼らにはとっても買いづらいものだと思うんですよ。それを私があげるっていうのに、抵抗がある。それを、たとえば、こっちのルワンダ人のおばちゃんがチョコレートを持っていて、それを子どもにあげるっていう選択をするのであれば、それは何も言わない。

なるほどね。

ただ、私自身がそれをあげるっていうことに、抵抗はある。それは、私が外国人だから。私が彼らと同じ肌の色だったら、あげてるかもしれない。でも、私は、どうあがいたって、やっぱり人種が違うんだよね。やっぱ、対等になりきれないんだよね。だから、この顔でこの肌の色で、少なくとも自分が高価だと思っているものをあげるのは抵抗がある。

じゃあ、ちょっと話は変わるけど、日本でよく古着を集めて貧しい人たちに贈ろうっていうのがあるけど、どう思う？　古着に限らず、文房具でも、なんでも。

うーん。あのね、相手の意見をちゃんと聞いてからやるんだったらいい。それを受け取る相手がいて、どういうところに配るっていう当てがあって集めるんだったらいいと思うけど、一方的に集めて、「これ使ってください」って送るのは、見当はずれのことがけっこうあるからやめたほうがいい。

私たちも、古着とかノートとか集めたこともあったけど、たいへんなんだよね。ヘンなのも送られて来るし。それで文句言うと怒られたりするからね。「贅沢(ぜいたく)言うな」って。でも、誰も欲しくないようなものが送られてきても、ただのゴミになっちゃうじゃないですか。

そうだね。

私、「貧しい人を救うために」っていうのが、あまり好きじゃないいんだよね。やっぱり、上から目線っていうか……。まあ、TV番組にすると、そうなるのかもしれないけど、そういう傾向って強いじゃないですか。そういうのを、もっと、第三者の目で見れるような立ち位置に自分はいたいなあ。

うん。いいね。

たぶん、私がこっち（アフリカ）にいるからだと思う。私みたいな活動をしている人は他にもいるけど、ときどき、人助けをしていることをことさらにアピールする人がいるじゃない。

あれはちょっと違うんじゃないかなあって思う。まあ、そういうふうに言ったほうが、たぶんお金（寄付）も集まるんだと思うけどね。「ここにこんなに貧しい人たちがいいます」「この人たちのために力を貸してしてください」ってね。でも、私はこっちに住んでいて、こっちの人と付き合ってると、なんか、それ、いやだなあって思う。

それは、たとえば「障害者」っていうくくりにしても、「障害があるからかわいそう。助けてあげましょう」っていうのは、やっぱりどうしてもいやだなあ。

うん。それはわかるけど、でも、日本側できみを見てる人は、「真美さんはルワンダの人たちのためにがんばってる」って、思うじゃない？

はい。そう。だから落とすんですよ。わざと自分を落とすの。これはもう、性格の問題になっちゃうかもしれないけど、「私、こんなにがんばってます」って、言えないんだよ。「もう、こんなの、しんどくてやってらんないよぉ。やめてやるぅ」って言って、なんていうのかなあ……。

うん、うん。「あなたより私がすごいわけじゃなくて、たまたまルワンダに来ることになっちゃって、たまたまこんなことをやりはじめちゃって……」って、ことね。

そうそう。「ほんとはやりたくないんですけど」みたいな(笑)。

うん。それでいいと思う。だから、ぼくも安心してきみと付き合ってこれたんだろうと思うし。どんどん高い場所に昇っていく「すごい人」だったら、それを手を振って見送って、「さよなら〜」になってたかもしれない。

そうならずに、いまも一緒に餃子食べれるし。

そうね。日本に帰ってきたら、また餃子食べに行こう。

自分の失敗を認めるか認めないか、謝るか謝らないか、お金をあげるかあげないか。そんなところにも、育った環境や文化の違いが表れるのかもしれない。

チョコレートの件に関しては、話しているうちに彼女の答えが変わってしまったけれど、どちらもちゃんと理由があって、それはそれで、「なるほどね」と思う。自分が一度言ったことに頑（かたく）なに拘（こだわ）るんじゃなくて、いろいろな角度から考えて、それを素直に口にするところが、彼女の良さでもある。だから、彼女と出会った人は、一緒に話をするのが楽しいと感じるんだと思う。

※ムリンディ／ジャパン・ワンラブ・プロジェクト　ホームページ
http://www.onelove-project.info/

2 外国ルーツの子どもたちをサポートする出口雅子（でぐち・まさこ）さん

出口雅子さんは、東京都三鷹市で社会福祉士として働いている。生活する上で何か困りごとがある人の相談にのって、福祉や医療の制度を紹介したり、手続きのサポートをしたりする仕事だ。英語とタガログ語（フィリピンのことば）ができるので、外国人から相談を受けることも多いらしい。

そして同時に、出口さんは、あるNPOでボランティアもしている。いろんな国から日本に来た子どもたちや、そのお母さんたちを支援する団体だ。出口さんは大学生の頃、フィリピンに留学したことがあって、その経験がいまも役に立っているようだ。

この本の中に「ブラジルから来たエレナに、耳のピアスを外させるか」（98ページ）っていう話があるけど、もしも出口さんがエレナのクラスメイトだったら、どうする？

私が中学生とか高校生だったら？　うーん。このままだと、いずれ先生がそのピアスに気づいて注意されるから、その前に一緒に説明に行こうって言うんじゃないかな。先生がどういう判断をするか知りたい。「ルールだからダメ」って言われて、エレナが納得してピアスを外すならいいけど、納得しない場合は、なんでダメなのか、先生に聞くと思う。先生から納得のいく説明がほしいから。

でも、たぶん、納得のいく説明が返ってこないような気がするから……そのときは、そもそも、なんでピアスがダメなのか、なんでそんな校則があるのかを先生と一緒に考える、かな。

出口さんが通った学校は厳しかった?

高校は制服もなくて自由な雰囲気だったけど、中学は厳しかった。スニーカーは、靴紐(ひも)を通す穴が3つ以上ないとダメとか(あの頃、穴が2つの可愛いスニーカーが流行ってたんだよね)、内側に模様がついてるとダメとか、くだらない校則がいろいろあった。ほんとにくだらないって思ってた。スカートの長さもうるさかったけど、先生が検査するときだけ長さを変えられるようにしてた(笑)。

スカートは長いのが流行ってた時代?

そう。短いスカートはダサいと思ってた（笑）。関西の学校だったけど、あの頃は荒れてる学校が多かったんだよね。校内暴力とか。男子生徒と先生が殴り合いしたり。先生は竹刀持って歩いてたし。とにかく先生に反抗する気持ちが強かったから、あの頃だったら、生徒はみんなでエレナを守ったと思う。先生に「なんであかんねん？」「エレナは小さい頃からピアス付けてんねんで」「外せとか、かわいそやないか。なんで、そんなこと言うんや」って。エレナだけピアスを認めたら不公平だとかいう感覚はなかったと思う。

へえー。それ、面白いなあ。ルールがどうこうじゃなくて、そんなことしたらかわいそうだって、クラスのみんながエレナの味方になるって。でも、それ、ありかもしれない。人の気持ちがいちばん大事ってことだよね。人の気持ちを踏みにじるようなルールはおかしいんじゃないかと。考えてみたら、エレナのピアスは、スニーカーの模様とかスカートの長さの問題とは本質的に違うかもしれない。物心つく前からそうやって育ってきた、自分の身体の一部のようなものだから、好き嫌いとはレベルの違う切実さがあるよね。それを外せというのは、たとえば、性同一性障害の子に、心は男の子なのにも関わらず無理やりスカートをはかせようとするのに似てるかもしれない。

そうね。性同一性障害の子が不登校になるのは、中学の制服がきっかけになることも多いって、聞いたことがある。

だよね。人が生理的に受け入れられないようなことをルールにして強制するのは、無理があるというか、人権侵害かもしれない。

ところで、ブラジルから来た転校生のピアスを認めるか認めないかとか、フィリピン・ルーツの小学生をどんなふうにサポートすればいいのかとか、その問題の背景には、「文化の違い」があるわけだけど、出口さんがこれまでに経験した文化の違いで、何か面白いエピソードがあれば教えて。

そうね。フィリピンに留学したときに、Ｔシャツにアイロンをかけることを知らなくて戸惑ったことがあった（笑）。フィリピンの人って、出かけるときはＴシャツにもピシッとアイロンをかけるんだよね。

私、それを知らなかったから、木綿のＴシャツをそのまま着て学校に行ったら、周りの女の子がすごく驚いたり心配したりして。どうしてみんな、私のことを見てざわついてるんだろうって思ってたら、一人の子が私のところに来て、すごく心配そうな顔で「どうしたの？　何かトラブルがあったの？　今朝は時間がなかったの？」って聞いてきたの。私が、Ｔシャツはいつもアイロンをかけずに着てるって言ったら、「それはいけない」って。「だらしない人だと思われるから、やめたほうがいい」って真顔で言われた（笑）。

そういうのって、それを教えてくれる人がいたからよかったけど、いなかったら、ずっと恥をかいたままになっちゃうよね。

あとね、ひとりで出かけて怒られたことがある（笑）。

たとえば、郵便局とか行くときに、自分で地図を見て行くじゃない。自分で調べてできることは、ひとりでやろうとするでしょ。それがフィリピンの人には信じられないみたい。「なんでひとりで行くの。一緒に行くから、待ってて」って言われる。自分が行けないときは、誰か行ける人を探す。ひとりで行くのは淋しいものっていうのが、大前提としてあるみたい。だから、私がどこでもひとりで出かけてたら、そのうち、クラスメイトに怒られたの。「あなたは、私たちのことが嫌いなのか！」って(笑)。声をかけてくれないと悲しいって。

フィリピンでは、はじめての場所に行くときは、人に連れていってもらうのが当たり前なんだけど、私は人に迷惑をかけちゃいけないって育てられたから、なんとなく気が引けるし、相手に対して申し訳ないと思っちゃう。

でも、フィリピンの人はそうじゃないんだよね。「あなたと一緒に行って、日本の話とか聞けて楽しかった。ありがとう」って言うの。「It's my pleasure (私もうれしい)」って。

そういうの、出口さんは、どう思った?

やっぱり、そのほうが楽。とくに外国では、はじめての場所にひとりで行くのはたいへんだし、人と一緒にいるといろんな話ができて楽しいし。途中で「このお店の○○が美味しいんだよ」とか、「ちょっと寄っていかない？」とか、未知のものに出会える良さもあると思う。

出口さんが留学生で、外国人だから親切にしてあげようって考えたんじゃないの？

ううん。外国人じゃなくても同じ。ちょっとでも自信がなかったら人に頼るのが当たり前だし、だれもひとりにしようとしない。

なんていうか、自分とその人の1対1の関係でギブ・アンド・テイクしようっていうんじゃないんだよね。誰かが困っているときに、自分にできることがあれば手伝う。自分が困ったときは、遠慮なく誰かに助けを求める。どこかで誰かを助け、どこかで誰かに助けてもらって、全体としてうまくいく、みたいな。

そういう感覚って、どこから生まれるんだろう？

フィリピンは大家族が多いからかなぁ。親戚も一緒に、大人数でひとつの家に住んで、いろんな年齢の子が一緒にいて、年上の子が年下の子の面倒をみるのが当たり前で。

他に文化の違いを感じたことは？

よくほめられた。ちょっとしたことでも、「すごい、すごい。素晴らしい！」って。

人前で自分の家族をほめるのも新鮮だった。それが当たり前なんだよね。上の子が下の子の面倒をみたり、家の手伝いをしたりすると、大人はよくほめるしね。ほめられるとうれしいから、子どももがんばるし。

日本では、何かができないことを責められるばかりで、ほめられることって、フィリピンに比べたらずっと少ない気がする。

そういう国から日本に来た人は、いろんなところでストレスを感じるだろうね。

そうねー。日本では子どもの頃から学校で「5分前集合」とか言われて、すごく訓練されてるけど、フィリピンではそういうのはないからね。日本は「人に迷惑をかけない」っているのが基本にあるけど、頼るのが当たり前で頼っていい文化の人には、日本の常識はキツイかも。

フィリピンでは、はじめての場所は、行ったことのある人と一緒に行くのが基本だから、「ここをまっすぐ行って、3番目の角で曲がって」とか教えられても、「なんで誰も一緒に行ってくれないの?」「そんなの無理〜っ」って、なるよね。それで、日本で育った子は、そういう親のことをばかにするんだよね。時間を守れない、ひとりで電車に乗れないって。

自分の子どもにばかにされるって、親としてはつらいね。でも、子どもは子どもで、日本に来てつらい思いをしてるんだよね。出口さんが関わってるNPOには大学生のボランティアもいて、そういう子と付き合ってるけど。

そうね。いろいろたいへん。大学生は、外国から来た子に日本語を教えたり宿題を見てあげたりするのを、きっと楽しいだろうと思ってボランティアに来るんだけど、必ずしもそうじゃないんだよね。なかなか言うこと聞かない子もいるから。

学校では先生の言うことがわからない。わからなくても、授業中は黙って座ってなくちゃいけない。家に帰ると、親に心配かけたくないから黙ってる。それでストレスが溜(た)まって、私たちの教室に来て、ボランティアに八つ当たりする子もいるんだよね。なんで放課後まで勉強させられるのって。

とくに、他の国から来日した子の中には、怒りが強い子もいる。「向こうではこうだったのに、なんで日本はこうなんだ！」って思うから。同じ外国ルーツでも、日本生まれの子は、自信がなくて、自分の意見をはっきり言えずにもやもやしてる子が多いような気がする。

そういえば、英語ができない大学生をばかにする女の子の話を聞いたことがあったね。

そうそう。アフリカから来た子ね。彼女は、向こうにいるときは、すごい成績優秀で、跳び級して上の学年に進むほどだったんだけど、こっちに来たら、日本語がわからないからテストでも点が取れなくて。ボランティアに英語でまくし立ててイライラをぶつけるんだけど、大学生がその英語を理解できないって、大学生のボランティアのことをばかにしてた。大学生もキツかったと思う。

その後、彼女はどうなったの？

彼女はがんばったよー。最初の1年間はすべてを拒否してたんだけど、「このままじゃいけない」って、自分で宣言して、もう中学生になってたんだけど、日本語の「掛け算の九九」を覚えるところからはじめて、漢字も覚えて、都立高校に進学した。

その後、専門学校に進んで保育士になろうとしたんだけど、学校の様子を見に行ったときに、日本の手遊び歌がぜんぜんできなくて。まわりの日本人の子は皆、知ってるのに、自分だけ知らないのがショックだったみたい。

なるほどなあ。手遊び歌って、小さい頃に自然に覚えるもので、学校で習うものじゃないからなあ。

ことばでもそういうのあるよね。「1(いち)、2(に)、3(さん)、4(し)……」を覚えても、「ひとつ、ふたつ、みっつ……」を知らないとか。

そうそう。「むっつ」とか「やっつ」とかいうと、もうお手上げっていう。

小学1年生の算数の時間、先生に「1から10まで数えてください」って言われて、「いち、に、さん、し……」って答えた日本人の子が、「じゃあ、こんどは、同じように10から1まで言ってください」って言われて、「じゅう、きゅう、はち、なな、ろく、ご、よん……」って答えると、先生が「はい、よくできました」って言うんだけど、外国人の子は、それを聞いて「？」ってなっちゃうって話を聞いたことがあるよ。反対に言うと「じゅう、きゅう、はち、しち、ろく、ご、し、さん、に、いち」じゃないの？って思うんだよね。確かにそうだよね。

そうなんだよね。日本人の親がいれば、「し」と「よん」は同じだよって教えてもらえるんだけど、そういう機会のない子は、いつまでもわからないままになっちゃう。他の子はわかるのに自分だけわからないから、「自分はバカだ」って思っちゃうんだよね。それでだんだん、わかったふりをするのが上手になって、先生も、この子はわかってると思っちゃうから、さらに取り残されちゃう。

それで、手遊び歌のできなかった彼女は？

保育士はあきらめて、語学系の専門学校に進学して、いまは語学力を生かして空港で働いてる。

彼女は高校生になってからも、私たちの学習支援教室に来ていたの。よくアフリカ系の子の面倒を見て叱ったりしてた。まわりの大人はそれを見て「あんたもそうだったでしょ」って笑ってたけど。でも、彼女の言うことは、その子もちゃんと聞くんだよね。

いいねえ。彼女に会って話を聞いてみたいなあ。あの頃の自分のことをどう思ってるか。

そうねえ。どう思ってるだろうねぇー。

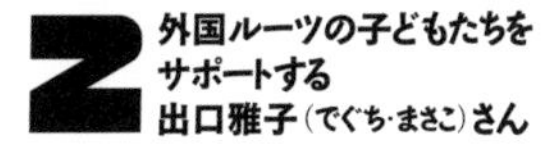

出口雅子さんは、笑顔のとても素敵な人。細かいことを気にしない、彼女のおおらかさ、朗らかさは、学生時代、フィリピンに行って、向こうの人たちと一緒に暮らしているうちに、いつのまにか身についたものなのかもしれない。

と同時に、とてもやさしい人でもある。ぼくも、過去につらいことがあったときに、彼女に言われたひと言に救われたことがある。

そんな彼女だからこそ、外国ルーツの子どもたちの気持ちにしっかり寄り添うことができるのだと思う。

3 地域でフェアトレードを進める
磯野昌子（いその・よしこ）さん

磯野昌子さんは、神奈川県逗子（ずし）市で仲間と一緒に「逗子フェアトレードタウンの会」（※1）というNPOを立ち上げ、まちぐるみでフェアトレードを広めていく活動を進めている（フェアトレードについては「チョコレートを食べたことがないカカオ農園の子どもにチョコレートをあげるべきか？」（14ページ）を読んでほしい）。

その地域の住民や学校、NPO、企業、行政などがフェアトレードの趣旨に賛同し、皆で一緒になってフェアトレードの取り組みを進め、いくつかの基準をクリアした自治体を「フェアトレードタウン」という。2000年に英国のガースタンという小さな町で始まったこの運動は、その後、世界中に広がり、いまは世界で2000以上の自治体がフェアトレードタウンに認定されている。

磯野さんたちの活動が成果を上げて、逗子市は、2016年に日本で3番目の「フェアトレードタウン」に認定された(2024年2月現在、日本には6つのフェアトレードタウンがある)(※2)。

磯野さんのそうした活動のベースには、彼女のネパールとのかかわりがある。彼女は、学生時代からたびたびネパールを訪ね、ネパール人の男性と国際結婚した。

はじめてネパールに行ったのは、いつのこと?

大学3年から4年になる春休み。友達と二人で。ネパール研究をしてる大学の先生の「ネパールは、世界でいちばん素朴な人たちが暮らしてる」というひと言に惹(ひ)かれて。

で、行ってみて、どうだった？

もう、たいへんだった！　向こうに着いていきなりカバンを切られて、パスポートとかトラベラーズチェックとか、ぜーんぶ盗まれて。

ええーっ！

あの頃（1990年代）ってまだ、カトマンズの空港に客引きや物乞(ものご)いの人がいっぱいいて、わけがわかんないまま、カバンを強引に持って行かれて、タクシーに乗せられて、タクシーを降りたらカバンが切られてて。タクシーの運転手に文句言っても、自分は知らないって言うし。

旅行保険には入っていたけど、手続きには盗難にあったっていう証明書がいるから、警察に行くんだけど、なかなか証明書を出してもらえなくて。結局、警察に9回行って、最後は賄賂を渡して、やっと証明書を出してもらったの。

いきなり途上国の〝洗礼〟を受けたわけね。

そう。でも、そのあと、トレッキングで田舎のほうに行ったら、本当に親切な人たちに会えたからよかったんだけど。

私が乗ったタクシーに傘を忘れたときに、その車を一生懸命追いかけて、傘を取り戻してくれたりとか。モノを大事にするとか、ひとりの人のためにすごい労力をかけるというのを目の当たりにして感激した。

ネパールの人って、会った人とすぐに友達になるの。買い物に行った先で、お店の人と話してるうちに、家にご飯を食べに来いとか、結婚式があるから来てほしいとか言われたり。

へえー。でも、それは、磯野さんが、相手とちゃんとコミュニケーションをとれる人だからじゃないの？　たんに英語が喋れるとかいうんじゃなくて、相手との距離が近くなるような接し方ができるというか。

うーん。まあ、次に予定のない、余裕のある旅をしてたからかもしれないけどね。いまは、ネパールに行くときも、何か用事があって行くから、あんまりそういうことはなくなったかな。

当時のことで、他に印象に残っていることは？

物乞いをする子どものことかな。「ハロー、スイーツ（お菓子ちょうだい）」「ハロー、ワンルピー（1ルピーちょうだい）」「ハロー、ペン（ペンをください）」って言って。

5歳くらいの子に、「写真を撮ってもいい？」って聞いたら、「ちょっと待って」って、家に帰って赤ちゃんを連れてきて、その子をおぶってるところを写真を撮れって言って、それで写真を撮るとお金を請求するっていうのもあった。

そういうのはカトマンズだけじゃなくて、田舎でも。

あと、手に箱を持って、「学校にサッカーボールが欲しいから、ボールを買うためのお金を寄付してほしい」っていうのもあった。

最近は、そういう子もいなくなったけどね。


もし、いま、そういう子がいたとしたら、どうする？


うーん。あげたり、あげなかったり。その時の状況で決めるかな。

でも、ネパール人は、あげるんだよね。宗教的な感覚があって、貧しい人への施しは善を積む、いいことだからする、それが持っている者の果たすべき義務という感じ。

だから私も、ネパール人と一緒にいるときはあげるようにしてる。

ただ、お金はあげるけど、モノはあげない。前に、自分が着ていらなくなった服を村の子どもにあげようとしたら、「あげるなら新しいものを買ってあげてほしい、自分の着たもの、いらなくなったものをあげるのは失礼だ」って、ネパールの人に怒られたことがあって。それからモノはあげなくなった。そういうところで対等性は気にするようになった。もちろんプレゼントは別だけど。

他に、（ネパールの人と）結婚してから変わったことって、ある？

結婚すると、ときどきネパールがきらいになる（笑）。前は、自分は外国人だから、もっと相手のことを理解しよう、受け入れようって努力してたけど、結婚して、自分がネパール人の家族になると、「いやなものはいや」って、思うようになった。「うるさい」とか「きたない」とか。

なるほど。無理に合わせなくなったってことね。それは、家族になって、ネパールの人と対等になったから、遠慮なく言えるようになったってことだよね。

うん。そうだと思う。

いまは、ネパールが外国だとは、あまり感じない。家族や親せきが住んでる場所っていうだけ。もともと、ネパールの人って、考え方や感じ方が日本人と似てるし。わたし、昔から「第二の母国」がほしいと思ってたんだけど、それがたまたまネパールになったって感じ。

これは、どこの国でもそうだと思うけど、国の違いによる差より、ジェンダーの差のほうが大きい。外国だから違うっていう部分より、男だから女だからって決められていることのほうがたくさんあると思う。

なるほどねえ。

ところで、この本の中に「水道、電気、道路のうち、どれを選ぶ?」っていう問い（74ページ）があるけど、ネパールの田舎だったら、磯野さんは、どれだと思う?

水道。

ネパールの田舎、といってもいろいろあるから、一概には言えないけど、私が学生時代に最初にホームステイした村は、水道も電気もなかったけど、道路はあった。トレッキング街道沿いだったから。そこでは、外国人旅行者と接するから、どうしても海外に目が向くし、都会にあこがれて出ていく人が後をたたず、結局、いまはほとんど人がいなくなっちゃった。

あの頃、いちばん苦労していたのは、水。毎朝の水汲みを、下の谷のほうまで、片道1時間以上かけて汲みに行って、とても節約しながら使ってた。

だから、この三択に、女性たちだったら「水道」って答えたと思う。

子どもたちも水汲みをしていたけど、電気がない中でろうそくやランタンの火で、ススに目をこすりながら勉強していたから、子どもたちは「電気」と答えたかも。もし、道路がなかったら、男たちは「道路」と言ったんじゃないかと思う。

実際、道路がない村では、とにかく「開発」のためにはまず道路が大事という声をよく聞いたから。

なるほど。その村の状況や立場によっても違ってくるよね。ところで、最近、ネパール以外の国に、どこか行った？

こないだ、東ティモールに行ってきた。フェアトレードのコーヒーの生産地を見に。

どうだった？

自分の原点に還るような旅だった。昔、ネパールに行ったときに感じたように、本当にすごくやさしい人たち。東ティモールって、インドネシアに侵略されて、独立をめぐってあんなにひどいことがあったのに、あれから、そんなに時間が経ってもいないのに、なんでこんなに平和なんだろうって、不思議なくらい。途上国って、どこへ行っても車のクラクションが鳴り響いて、やかましいけど、東ティモールでは、首都でもクラクションを鳴らす人がいないの。すごく穏やかな人たち。

ホームステイもさせてもらったんだけど、電気もなくて、夜は真っ暗で、冬でも裸足で貧しいといえばたしかに貧しいんだけど、囲炉裏(いろり)をかこんで、大家族や隣近所の人たちが集って何時間でもおしゃべりをしてる……。これはこれで、すごく豊かな暮らし方かもしれない。私たちは、東ティモールの人たちの生活向上のためにフェアトレードをやってるけど、生活の向上って、なんだろう？　このままでいいんじゃないかと思ったりして……。

磯野さんは、とても人当たりのやわらかな人。どうしてあんなふうに、誰に対しても笑顔で接することができるのだろうと不思議に思うほど。

彼女の場合、ネパール人の男性と国際結婚し、ふたつの「ふるさと」を持つようになったことが、さらに視野を拡げたり、物事をいろんな角度から見ることのできる頭の柔らかさにつながっているのかもしれない。

そんな彼女だからこそ、多くの人に信頼され、仲間を増やして、「フェアトレードタウン」を実現させることができたのだろう。

※1　逗子フェアトレードタウンの会　ホームページ
https://ftzushievent.wixsite.com/ftzushi
※2　日本フェアトレードフォーラムのウェブサイトより
https://fairtrade-forum-japan.org/

4 シエラレオネで教育支援を行う 下里夢美（しもさと・ゆめみ）さん

下里夢美さんは高校生のとき、たまたま見たテレビ番組で、西アフリカのシエラレオネ共和国の内戦で両親を殺された8歳の少年が「学校に行って勉強したい」「勉強すれば、もっといい仕事について、弟や妹を養うことができるから」と話すのを見て、衝撃を受けたという。勉強できること、夢に向かって努力できることは、それだけで恵まれていることなんだと。

そして、大学で国際協力について学び、卒業後、シエラレオネで教育支援を行うNGO（国際協力団体）「アラジ」を立ち上げた（※）。「アラジ」というのは、高校生のときテレビで見た、あの男の子の名前だ。

アラジではいま、望まない妊娠や出産のために学校をやめてしまう女の子をなくすための活動にとくに力を入れている。

写真に一緒に写っているシエラレオネの女性の相手の胸に手をあてる仕草は、「信頼」「愛」「尊敬」などを表すという。

この本の「カカオ農園の子どもたちにチョコレートをあげるかどうか」という話、どう思った？

まず、これは20年くらい前の話だなというのは、すぐに思いました。

アフリカは、この40年で大きく変わったし、とくにこの20年の変化は大きい。だから、あげるかあげないかで悩む必要はないと思う。いまはチョコレートを食べられないとしても、10年くらいで状況は変わるから。

なるほど。下里さんは、どんどん発展しているアフリカの「いま」を見ているから、「この先ずっとチョコレートを食べられない」というふうには考えないんだね。

たとえば、アフリカの初等教育も賃金格差も、ものすごい勢いで改善されてきています。

いまだに世界は「先進国」と「開発途上国」に分かれていると思っている人が多いけど、いまは4つの経済レベルに分けて考えるようになってきているし、途上国とされてきた国でも、子どもたちは皆、予防接種を受けています。

企業のCSR（社会貢献）に対する意識も変わりました。そうしたことに取り組んでいないと、世の中から認めてもらえない。企業とNGO（国際協力団体）の関係も変わりました。企業にとってNGOは、昔は自分たちを攻撃してくる相手だったけど、いまは、事業のパートナーとして、当たり前のように一緒にやっています。

そういう変化を見ていると、カカオ農園の子どもたちの問題も、すぐに良くなるかは、わからないけど、私はポジティブに考えられる。一生無理だ、チョコレートは食べられないとは思わない。だから、チョコもあげちゃえばいいって思います。


なるほどなあ。そんなふうに、どんどん変わっている、変えていけると思えるから、シエラレオネでの活動もがんばれるんだろうなあ。

たしかに、いまのアフリカは、ある意味、日本より進んでるところがあるもんね。


そうですね。

アラジでは、望まない妊娠で学校をやめることになった10代のシングルマザーの復学を助けるために、彼女たちに毎月2200円の奨学金を支給しています。最初の月は制服やバッグ、文房具を買うために、翌月からは、彼女たち自身の教育費の他に、赤ちゃんのミルクやオムツを買うためのお金として。

ところが、以前、そのお金を事務所の金庫に入れておいたら、泥棒が入って盗まれてしまったことがあって。それでいまは、その奨学金を電子マネーで支給しているんです。電子マネーは、ケータイがあれば簡単に受け取れるし、安全なので。

なるほど。シエラレオネの人たちも、いまはみんなケータイを持ってるんだね。日本の場合は、まず電話線を引いて、固定電話が普及して、そのあと、ポケベルやガラケーを持つようになって、最近になってスマホに変わったけど、アフリカでは、固定電話を使ったことがない人たちがいきなりケータイを手にしてるんだね。

そうですね。

現金で渡していたときは、彼女たちに毎月、私たちの事務所まで来てもらっていたんですけど、小さい赤ちゃんを連れてバイクタクシーに乗って出かけるのはたいへんですよね。子どもが熱を出して出かけられないとかいうこともあるし。交通費もかかるし。だから、電子マネーが使えるようになって、革命的に便利になりました。

東アフリカではM-pesa、西アフリカではOrange MoneyやAfrimoneyというサービスがよく使われています。シエラレオネではスマホはまだあまり普及してなくて、格安ケータイを使ってる人が多いんですけど、スマホじゃなくても、ネットが繋がらなくても、電子マネーが使える、銀行口座を持たなくても貯蓄もできるというところが革命なんです！

10代の女の子の妊娠の問題といえば、最近、男の子たちの教育活動もはじめたんでしょ？

はい。

この問題を解決するためには、男性側が正しく性に関する知識を持って避妊について理解することや、女性の権利、健康、教育を守らなければいけないという意識を男性側も持つことが必要なので。

中学・高校の男子生徒を中心に性教育に関するテキストを配ったり、各学校にポスターを掲示したり。ラジオを通じて啓発活動もやっています。あと、「ハズバンドスクール」というのをやっています。

ハズバンドスクールって？

私たちが活動している地域の学校を統括する役所に協力してもらって、各学校を回って啓発のための授業を行うんです。これまでに2万人以上の男子生徒が授業に参加しました。

その結果、事前・事後のアンケートの結果を見ると、「セックスの際に避妊具を使用するべきか？」という質問に対して、「するべき」という回答がゼロだったのが約9割になりましたし、「妊娠した女子が学校に戻るべきかどうか」という質問に対しては、「女子にも教育を受ける権利があり、国の発展につながる」「女子の気持ちになって考えてみると、自分も勉強を続けたいと思ったから」という答えが8割に増えました。

すごいなあ～。
下里さんって、はじめて会ったときは、わりとおっとりした印象を受けたんだけど、実際にやっていることを見ると、実は、すっごく熱くて激しい人じゃないかという気がする。下里さん自身は、自分のこと、どんな性格だと思う？

うーん。けっこうフレンドリーな方だと思います。人とつながるのが好き。書類を作ったりとか、デスクワークは苦手（笑）。

お休みの日は何してる？

いつもパンを焼いてます。あと、クッキー作ったり、マフラー編んだり。部屋を白一色にコーディネートしたり。料理が好き。野菜をたくさん食べます。アニメを見るのも好き。

アウトドアの趣味は？

運動は苦手なんですよぉ（笑）。球技とか、ぜんぜんダメで。海とか山とかは行きたいと思うんですけど。

ところで、シエラレオネでの活動は70歳まで続けたいって言ってたけど、続けられそう？

やってる内容は、いまとはぜんぜん違っているかもしれないけど、70歳まで続けます！　教育支援だけじゃなくて、将来的には、シエラレオネと日本の文化交流などもやっていきたいです。

シエラレオネ以外の国には興味はないの？

なくはないけど、シエラレオネだけでも、まだまだ知らないことがいっぱいあって。活動をする上で「ああ、こんな法律があったんだ」とか。シエラレオネでの成功事例やノウハウを他の国にも伝えて、使ってもらえるようにするというのはあるかもしれないけど、私たちが他の国に事務所を作って、というのはないと思います。

私はシエラレオネだけでいい。一生かけてもシエラレオネのすべてはわからないと思うし。

たしかに。日本に住んでいるからといって、日本のすべてを知ってるわけじゃないもんね。

下里さんが日本の中学生や高校生に伝えたいことって、ある？

いまの高校生は、ＳＤＧｓをいちばん知っている世代なんですよ。学校でちゃんと勉強してるから。

昔なら、いい大学に入って、いい会社に就職して、家を買って、車を買って……という価値観だったかもしれないけど、ＳＤＧｓを学んだ彼らには、社会に貢献したいという感覚があるんですよ。

ただ、ＳＤＧｓは知っているけど、主な関心は、「環境」とか「食べもの」のことか。途上国の貧困や教育の問題に関心を持っている人は、多くない。それは、日本の若者がグローバルなことにふれる機会が少ないからだと思うんです。

世界はどんどん変化して、前に進んでる。そういうことを、もっともっと知ってほしい。だから私は、そういうことを知る機会を増やすような活動もしていきたい。

下里夢美さんと話していると、本当にすごい人だなあと思う。話すこと、ひとつひとつに、ちゃんと裏付けがあり、いい加減なことは言わない。その一方で、とても謙虚で、周りの人の意見をしっかり聞いて、自分にそれが欠けていると気づけば、素直に受け入れる。「虚心坦懐（きょしんたんかい）」ということばがあるけれど、まさにそんな感じ。こういう人が、これからの時代を担う、新しいタイプのリーダーになるだろうなと思う。

※アラジ（Alazi Dream Project）　ホームページ
https://alazi.org/

おわりに

ぼくの小学校5〜6年生のときの担任の永松史子(ながまつふみこ)先生は、とても面白い授業をする先生だった。

たとえば「国語」の時間、何か物語を読んで、「このとき、主人公はなぜ、そんなことをしたのでしょう?」という問いが出てきて、子どもたちの意見が「こうだから」「ああだから」と、大きくふたつに分かれたとする。すると先生は、「こうだから」という子は窓側に、「ああだから」という子は廊下側に、自分の机を持って移動させる。そして子どもたちは、「こうだから」グループと「ああだから」グループに分かれ、教室の中で向かい合って互いに意見をたたかわせるんだ。話しているうちに考えが変わった子は、机を持って反対側に移動する。どっちが正しいかわからなくなってしまった子は真ん中に行く。

ぼくはこの授業が大好きだった。調子にのって、わざと少数派のグループに入り、多数派を説得して自分たちの側に相手を引っ張り込むのを楽しんだりした。

これが、ぼくのワークショップの〝原点〟だ。

意見の違いを楽しむこと。皆が遠慮なくどんどん意見が言えること。話しているうちに、自分の中に「変化」が起き、思いもよらなかった「答え」が見えてきて、感動が生まれること。

そんな楽しさをできるだけ多くの人に味わってほしいと思い、これまで30年、いろんなところで、いろんな人たちと、いろんなテーマでワークショップをやってきた。


「普段、なかなか意見を言うことのない私が、こんなに意見を言っていて自分でも驚いた」

「他の人の意見を聞いて生まれる気持ちや引き出される視点があったのは、新鮮でわくわくした。一人ひとりの意見が大事にされ、その一つひとつから発展する議論があったりすることに喜びを感じた」

ワークショップに参加した人たちからそんな感想を聞くとうれしくなる。中には「普段の授業では体験できないような、ひとつの問題に対して意見を互いに交換しあう楽しさを知りました」という感想もあったりするけれど、ぼくは、普段の学校の授業でも、そういう場面がたくさんあるといいのになと思っている。

この本は、「国際協力」や「多文化共生」をテーマに、ぼくがこれまでやってきたワークショップを疑似体験してもらうための、いわば〝読むワークショップ〟だ。「みんなの意見」のところに出てくるいろいろな意見はどれも、ぼくがこれまでに出会った中学生や高校生たちから実際に出てきたことばだ。

「チョコレートをあげるか、あげないか」のような議論では、子どもも大人も、出てくる意見やアイデアにほとんど差はない。知識の量よりも、ものごとの本質をつかむセンス(感性)が問われるからだ。

国際協力の現場の情報としてはもう古くなってしまった話もあるので、世界の「いま」を知るためには、他の本を読んだり、専門家の話を聞いたり、ネットで情報を調べたりする必要があるけれど、そのときにも、ものごとの本質をつかむセンスが欠けていたら、大事なことを見逃がしてしまうかもしれない。きみも、これからの国際社会に生きるひとりとして、いろんな文化をもつ人とコミュニケーションをしながら新しいものを生み出していくために、知識を増やすだけでなく、絶えず自分のセンスを磨いていってほしい。

木下理仁

2024年3月

この本で紹介したワークショップ、教材等について

1 チョコレートを食べたことがないカカオ農園の子どもにチョコレートをあげるべきか？

１９９９年～２００９年に放送されたフジテレビの人気番組『あいのり』の第４００話「ひとかけらのチョコレート」の録画を使って筆者が作ったワークショップ。中学、高校のほか、大学の「国際協力」の授業でもおこなった。

2 親しくなったストリート・チルドレンの頼みを聞き入れるべきか？

２００７年に放送されたＴＢＳテレビの特別番組『未来の子どもたちへ　地球の危機を救うお金の使い方』で俳優・宮崎あおいさんがバングラデシュを訪ねたときの様子を見て、筆者

が作ったワークショップ。

宮崎あおいさんは、現地で活動するＮＧＯ「シャプラニール＝市民による海外協力の会」のアレンジで、兄の宮崎将さんとともにストリートチルドレンが通うＮＧＯスクールや、マイクロクレジットによる融資を受けてスモールビジネスをはじめた農村の女性などを訪ねた。

3 学校に行かずに働いている少女が作った服を着るか？

２０１３年にバングラデシュで起きたラナプラザの崩落事故に関する報道（新聞記事、ＴＶニュース等）をもとに筆者が作ったワークショップ。高校や大学の授業でおこない、エシカルな商品開発のアイデアを発表してもらったりした。

4 貧しい村を発展させるために、水道・電気・道路のうちどれを選ぶか？

JICA横浜が2012年に実施した「教師海外研修」で、日本の学校の先生たち10人がタンザニアを訪ねた際に筆者がファシリテーターとして同行。そのときに生まれたワークショップのアイデアを、参加者の一人だった下辻孝美さん（中学校教員、かながわ開発教育センター〈K-DEC〉運営委員）が中心となって「教材」としてまとめたもの。K-DECのメンバーが学校の授業などで活用している。

かながわ開発教育センター（K-DEC）ウェブサイト
http://kdec75.wix.com/kdec

5 ブラジルから来た転校生のエレナに校則違反だからと耳のピアスを外させるべきか？

NHKのTV番組『ココロ部!』で放送された「外国から来た転校生」を利用して、中学、高校の「多文化共生」をテーマとした授業等で筆者がおこなったワークショップ。

『ココロ部!』は、過去に放送されたものを「NHK for School」というウェブサイトで視聴することができ、「先生向け」のページから授業で使えるイラストやワークシート、授業案などがダウンロードできるようになっている。

『ココロ部!』(NHK for School)ウェブサイト
https://www.nhk.or.jp/school/doutoku/kokorobu/

6 災害にあった外国人のために避難所の貼り紙をどう書き直すか?

外国人への情報伝達の手段のひとつとして広く使われるようになってきた「やさしい日本語」について学んでもらうため、自治体職員の研修会等で、筆者がしばしばおこなっているグループワーク。

避難所の貼り紙の写真は、2011年の東日本大震災のとき、宮城県石巻市の避難所になっていた学校で筆者が撮ったもの。

7 フィリピンから来た小学生の愛子さんをきみはどうやって助けるか？

筆者の知人である山中信幸さん（元・川崎医療福祉大学教授）が、日本で暮らすベトナム難民のことを題材に作ったワークショップ教材「ビンくんに何がおきたのか」をヒントに、出口雅子さん（インタビュー、182ページ参照）が作った教材。筆者もこの教材を使って教員研修など多くの場所でワークショップを行っている。今回、作者である出口さんの了解を得て掲載させてもらった。

「ビンくんに何がおきたのか」は『身近なことから世界と私を考える授業Ⅱ　オキナワ・多みんぞくニホン・核と温暖化』（開発教育研究会制作、明石書店発行）に掲載されている。

木下理仁（きのした・よしひと）

青年海外協力隊（スリランカ）、かながわ国際交流財団職員、かながわ開発教育センター（K-DEC）事務局長、東京外国語大学ボランティア・コーディネーター、東海大学国際学部非常勤講師などを経て、現在はオンライン・ワークショップ「TAKOトーク」のコーディネーターとして活動中。趣味は落語。著書に『難民の？（ハテナ）がわかる本』『国籍の？（ハテナ）がわかる本』（いずれも太郎次郎社エディタス）、『SDGs時代の学びづくり――地域から世界とつながる開発教育』（明石書店、共著）など。『新・貿易ゲーム』（開発教育協会）をはじめとするワークショップ教材の開発にも携わっている。

チョコレートを食べたことがない
カカオ農園の子どもに
きみはチョコレートをあげるか？

二〇二四年五月一五日 初版第一刷発行
　　　　一〇月一五日 第二刷発行

著者……木下理仁
ブックデザイン……宮脇宗平
イラスト……手塚雅恵
編集担当……熊谷 満
発行者……木内洋育
発行所……株式会社旬報社
〒一六二‐〇〇四一 東京都新宿区早稲田鶴巻町五四四 中川ビル4F
TEL 03-5579-8973 FAX 03-5579-8975
HP https://www.junposha.com/
印刷・製本……シナノ印刷株式会社

ISBN978-4-8451-1882-3